딱 50일
압축 영문법

영어 회화 + 독해 실력 급상승 50일 플랜

RHK
알에이치코리아

➡〉 프롤로그 〈⬅

영어 덕분에 vs 영어 때문에

나는 40년 동안 영어 공부를 했고, 영어 실력 덕분에 책을 쓰고 번역하며 살고 있다. 영어는 나에게 작지만 기름진 논밭이나 목 좋은 상가 같은 고마운 삶의 수단이다. 아울러 미래의 연금 구실도 할 것이다.

나의 첫 베스트셀러만 해도 영어 능력 덕분에 쓸 수 있었다. 〈왜 아이에게 그런 말을 했을까 ; 아이를 서울대에 보내고 나서 뒤늦게 시작한 부모 반성 수업〉은 국내 최대 인터넷 서점에서 일주일 동안 종합 1위에 올랐다. 작가가 그런 행운을 누릴 확률은 최고 대학 의예과에 합격할 확률보다 낮다는 이야기가 있다. 숫자로만 따지면 맞기도 하다. 그 의예과에 합격하는 신입생은 매년 100명이 넘지만, 인터넷 서점의 일주일 1위 책은 연간 최대 52권에 불과하다. 여러 변수 때문에 직접 비교는 논리적으로 무리일 수 있지만, 아무튼 베스트셀러 1위는 나처럼 대중적 소통을 중시하는 작가에게는 수능 만점처럼 빛나는 꿈인 것도 사실이다.

나의 꿈같은 베스트셀러도 사실 영어 능력이 없었다면 쓸 수 없었을 것이다. 영문 육아서와 인터넷 자료를 읽으며 자기 개념, 자기 인식, 자기 존중감, 자기 효능감, 거울 자아 등의 개념을 공부한 것이 책 쓰기의 기반이 되었기 때문이다. 또 미국 과학 아카데미NAS가 제시한 부모의 네 가지 기본적 책임도 기억에 남는다. 아이의 건강과 안전, 감정적 웰빙, 어울림의 기술, 지성의 토대를 제공하는 게 부모의 기본적 책무라고 했다. 영어 자료에서 얻은 정보 덕분에 나는 첫 베스트셀러를 낼 수 있었다.

다른 육아서 〈말투를 바꿨더니 아이가 공부를 시작합니다〉도 같은 방식으로 작업했다. 어떤 말이 아이를 공부로 이끄는지 무척 알고 싶었는데, 국내 관련 자료는 거의 없었으므로 영어 문서에 의존해서 오래 공부할 수밖에 없었다. 그리고 죽음을 앞둔 사람들의 목소리를 담은 책 〈삶의 끝에서 비로소 깨닫게 되는 것들〉도 순전히 영미권 자료를 읽고 쓴 것이다. 국내에 소개되지 않은 사연만 책에 담는 것이 원칙이었으니 당연하다. 나의 책들은 영문 서적과 자료를 이해할 수 없다면 쓸 수 없는 것들이었다.

앞으로도 같을 것이다. 작가가 직업인 나는 1년 내내 책을 기획하고 쓴다. 책에 새로운 정보를 담는 게 나의 전략이다. 수만 권의 영어책 중에서 나를 도와줄 책들이 분명히 있을 테니 나는 당분간 책을 내면서 지낼 수 있을 것이다. 나는 방에 고요히 앉아서 양식을 벌고 미래를 꿈꿀 수 있다. 나에게 영어를 읽고 이해할 능력이 있다는 건 분에 넘치는 행운이다.

독자 여러분에게 유니크한 지적 능력을 갖추려면 영문 책을 읽고 인터넷 영어 강연을 들으라고 권하고 싶다. 짐작이지만 책을 비롯한 영어 정보가 한글 정보의 수백 배는 되는 것 같다. 그러므로 영어 능력을 갖춘 사람이 인생론, 연애론, 화술 정보, 예술론, 경제 이론은 물론이고 통찰력과 상상력을 갖추는 데 훨씬 유리하다. 아울러 영어 능력은 마음 편한 은퇴도 가능하게 한다. 큰 부자로 은퇴하는 게 요즘의 꿈이라지만, 독립적 존재로 살 기예를 미리 준비한다면 그 또한 좋을 것이다. 영어 능력도 은퇴 후의 연금 같은 역할을 할 수 있다. 직업과 나이에 상관없이 영어 공부를 해두라고 권하고 싶다.

그런데 영어를 공부하는 모든 사람이 궁금한 게 있다. 영어 실력의 압축적 성장 비법이다. 나도 궁금했다. 어떻게 하면 지체 없이 영어로 유창하게 말하고 잘 읽고 쓸 수 있을까. 내가 10년 정도 이 책을 쓰면서 깨달은 것은 영어 실력의 압축적 성장이 가능하다는 사실이다. 영문법을 이해하면 된다. 우리를 끔찍하게 괴롭히는 영문법 개념들을 완전히 이해하고 나면, 영어 회화마저도 쉽게 해낼 수 있다. 이해 없이 영어 공부를 하면 늪에 빠져서 정체되지만, 영문법을 이해하고 사랑하면 날개를 달 수 있다.

사실 이 책은 10여 년 전쯤 화가 나서 쓰기 시작했다. 내 아이의 영어 교육이 발단이었다. 2010년 당시 초등학교 5학년이던 아이는 경기도 한 도시의 제법 유명한 영어 학원에서 레벨 테스트라는 걸 받고는 최상위 반에 배정되었다. 주변 사람들로부터 생각도 못한 축하를 받았다.

그런데 아이가 학원에 다니면서 무거운 걱정이 생겼다. 학원은 초등학생에게 너무 어려운 걸 가르쳤다. 사회학, 심리학, 경제학, 과학 분야의 영어 글을 들이밀고 읽게 했다. 더 큰 문제는 내가 무척 싫어했던 방식으로 영어를 가르쳤다는 사실이다. 과거분사, 현재분사, 수동태, 현재완료, 가정법 등 어마무시한 개념들이 아이를 괴롭혔다. 무엇보다 놀란 것은 1980년대 내가 배운 방식과 크게 다르지 않았다는 것이다. 무미건조한 영문법을 달달 외우면서부터, 아이는 영어 사랑을 잃고 암기 로봇이 되어 가는 것 같았다. 어떻게 도와야 할까 고민하다가 끝내 내가 직접 뛰어들기로 결심했다. 내가 머리 싸매고 공부해서 사랑하는 아이에게 영문법을 쉽게 설명해주겠다고 마음먹은 것이다. 지극하고도 미련한 부성애가 이 책을 쓰게 된 출발점이다.

1990년대부터 뮤지컬과 영화, 책 등을 번역했던 나는 영어에는 자신감이 있었다. 그런데 금방 끝날 줄 알았던 나의 영어 공부는 지긋지긋하게 계속되었다. 가장 큰 원인은 나의 궁금증이 갈수록 깊어졌다는 것이다. 나는 영문법 체계 너머로까지 호기심을 느끼기 시작했다. 가령 영어 원어민은 가정법과 분사와 수동태를 왜 쓰는지 알고 싶었다. 그리고 현재완료와 to부정사 등을 쉽고 명쾌하게 해석하는 방법도 궁금했다. 질문이 점점 어려워졌으니 나는 더 오래 책과 싸워야 했다.

어느 날은 영문학 석사 학위를 가진 친구가 집에 와서 책장을 보다가 의아해했다. "이 책이 너한테 왜 있냐?"고 물었다. 〈어 컴프리헨시브 그래머 오브 더 잉글리쉬 랭귀지 A Comprehensive Grammar of the English Language〉였다. 1,800페이지에 육박하는 묵직한 벽돌 책이고 전문 서적이다. 친구는 수십만 원 하는 비싼 책을 왜 구입했냐면서 어이없어 했다. 그보다 더 비싸고 더 두툼한 〈더 케임브리지 그래머 오브 더 잉글리쉬 랭귀지 The Cambridge Grammar of the English Language〉도 책장에 꽂혀 있다. 이를 포함해 국내에 출간되지 않은 영문법 서적을 100권 정도는 구입한 것 같다. 부자가 아닌 나로서는 큰 투자였다.

왜 그랬을까? 알고 싶었기 때문이다. 중학생 시절부터 나를 괴롭힌 영문법의 가면을 벗겨 정체를 밝히고 싶었다. 더불어 세상에 알리는 꿈도 꿨다. 영어를 이해하면 영어 실력의 압축적 성장이 가능하다는 것을 입증하고 싶었다.

나의 영어 실력이 최고인 것은 아니다. 가령 유발 하라리의 명쾌한 영어 글은 어렵지 않게 읽지만, 리처드 도킨스가 돌연 인용하는 글귀들을 해석할 때는 상당히 힘이 든다. 또 마크 트웨인이나 로알드 달은 괜찮은데, 깊고 깊은 버지니아 울프는 고통스럽다. 나는 영어 실력이 여전히 부족하다고 느낀다. 하지만 적어도 영어를 이해하려고 간절하게 공부한 순위, 또 영어의 원리를 쉽게 설명하는 실력 면에서는 절대 내 위상이 낮지 않을 것이다.

영어 회화 능력을 갈망하는 이들이 많은데, 영문법이 그 해답이 될 수 있다. 정확한 독해, 유려한 글쓰기 또한 문법을 알지 않고는 불가능하다. 영어 문법을 이해하면 총체적 영어 실력이 압축적, 폭발적으로 성장한다. 아울러 이 험한 세상에서 나와 가족을 지켜낼 생존의 무기도 생길 것이다. 내가 배우고 깨달은 것이 독자 여러분에게도 도움이 되길 진심으로 기원한다.

정재영

➡〉 차례 〈⬅

2 ✧ 가정법

영어 원어민은 대놓고 뻥치지 못 한다

3 ✧ 분사

영어 표현을 정교하고 풍성하게

4 ✧ 수동
영어 원어민들은 솜사탕처럼 마음이 약하다

5 ✧ to부정사와 동명사
우리는 왜 이렇게 어렵게 배울까

6 ✧ 조동사

내 생각을 밝혀야 영어를 잘한다

7 ✧ 현재와 진행

영어의 시간은 뒤죽박죽 흐른다

8 ✧ 완료
이걸 모르면 영어 회화 못 한다

9 ✧ 현재완료 진행
세련된 표현으로 근황을 묻고 싶다면

10 ✧ 부정 의문문
모든 한국인이 빠지는 영어의 함정

1

왜 압축 영문법인가?

'영포자'는 암기 영어의 정해진 결말이다

왜 우리는 10년, 20년 공부해도 영어를 잘 못할까? 영어 머리가 문제가 아니다. 의지나 목표 의식이 약해서도 아니다. 무작정 암기하려고 덤비는 것이 결정적 패인이다.

암기 영어는 영어의 생명을 앗아간다. 과거분사, 현재완료, 수동태 등 박제된 개념을 익히는 아이들은 죽은 영어와 마주하는 것이다. 얼마나 무섭고 싫을까. 영어를 본격적으로 배우는 초등 고학년 때 영어 포기자가 속출하는 게 당연하다.

설사 이 악물고 버텨내도 미래가 밝지 않다. 암기에는 한계가 있기 때문이다. 소수 암기력 상류층은 괜찮겠지만 대다수는 중·고교 때 고비를 맞는다. 암기할 게 점점 많아져 암기 용량을 넘어서는 한계 시점이 찾아오게 마련이고 결국 영어 포기를 고민하게 되는 것이다. 그렇게 '영포'는 암기 영어의 정해진 결말 중 하나이다.

그런데 영어 암기 전략은 우리가 선택하지 않았다. 영어 교육 시스템이 심어놓은 것이다. 당연히 잘못이다. "무조건 외워라"가 아니라 "영어는 이해해야 한다"고 강조하고 나아가서 영어 이해법까지 가르쳐야 맞다. 그런데 그렇게 가르치는 분들은 희소하다.

나의 영어 공부 40년 세월을 돌아봐도 암기보다 이해를 중시하는 영어 교육자를 만나보지 못했다. 1980년대 나는 영어를 첫사랑 하는 중학생이었다. 사랑하면 궁금한 것도 많아진다. 하루는 선생님에게 물었다.

"선생님. I am a student에서 a student인 이유가 뭔가요? 우리는 '한 학생'이 아니라 그냥 '학생'이라고 하잖아요. 그런데 영어에서는 왜 student 앞에 a를 붙이나요?"

선생님은 귀찮은 표정으로 답했다.

"그런 게 왜 궁금하지? 미국 사람들이 그렇게 말하는 걸 어쩌겠냐? 외워라. 진도 나가자."

영어 선생님들은 대체로 그랬다. 이유를 물으면 쓸데없는 소리 말고 외우기나 하라고 면박을 줬다.

입은 다물었지만 나의 궁금증은 사라지지 않았다. 나는 40년이 지난 후에야 부정 관사 a에 대한 궁금증을 스스로 풀게 되었다. 국내 구입가가 40만 원에 이르며, 지구에서 가장 권위 있다는 영어 문법책 〈더 케임브리지 그래머 오브 더 잉글리쉬 랭귀지The Cambridge Grammar of the English Language〉[1]에서 이런 설명을 발견했던 것이다.

"셀 수 있는 명사는 같은 종류의 개별체들이 속한 무리(클래스class)를 뜻한다. 예를 들어 boy는 여러 boy들의 무리이다."

복잡한 것 같지만 실은 쉬운 말이다. 한국어 단어 '소년'은 소년 개인이지만 영어의 boy는 수많은 소년들의 집합체를 의미한다. boy는 뛰노는 한 소년이 아니라 온갖 소년들을 아우르는 개념인 것이다. 나는 그럴듯한 비유를 생각해냈다.

"영어의 셀 수 있는 명사는 반(class) 이름이다."

가령 동물학교에 'cat'이라는 이름의 반을 만들고 수많은 고양이를 집어넣었다고 상상해보자. 검은 고양이, 흰 고양이, 작은 고양이, 털 없는 고양이 등이 cat반 교실에 들어간다. 영어 cat은 개별 고양이가 아니라 반 이름이다. 그러므로 어떤 고양이가 "I am cat"이라고 하면 이상한 말이 된다. 대신에 "cat 반에 속한 하나의 고양이" 즉 "a cat"이라고 자기를 소개해야 맞다.

똑같은 원리로 student는 학생 하나하나가 아니라 학생 집합체의 이름이다. 실제 학생을 지칭할 때는 a student, the student, my student 등이 맞다. "I am student"는 틀린 표현이다.

만일 선생님이 그렇게 설명했다면 나는 감동했을 것이고 영어 실력이 더 빨리 늘었을 것이다. 혹여 위 설명이 복잡하다면 선생님은 더 단순하게 설명해줬어도 된다.

"영어 단어는 a가 없으면 죽은 게 된다. 살게 만들려면 a를 붙여야 한다."

내가 고안한 설명인데 만능은 아니지만 나쁘지 않은 것 같다. 예를 들어서 아래 문장들은 뜻이 완전히 다르다.

❶ I like a chicken.

❷ I like chicken.

①은 "어떤 닭(a chicken)을 좋아한다"는 뜻이다. a가 없는 ②는 의미가 전혀 다르다. 닭이 아니라 "닭고기를 좋아한다"는 뜻이다. a가 없기 때문에 chicken은 생명을 잃은 것이다. dog라고 다르지 않다.

❶ **I like a dog.**

❷ **I like dog.**

꼭 그런 것은 아니지만 ②는 "개고기를 좋아한다"는 뜻으로 오해받을 가능성이 있다. a dog에서 a를 뺐기 때문이다. a chicken에서 a를 삭제하면 닭고기가 되는 것과 같은 이치다.

영어에서 a 없이 쓰는 명사들은 대체로 생명이 없다. bread(빵), beef(소고기)가 그렇다. 또 water(물), tea(차), air(공기)도 부정 관사 a를 쓰지 않는다. stone(석재), paper(종이), leather(가죽) 등도 마찬가지다.

a가 없는 명사(셀 수 없는 명사)에는 먹거나 마시거나 자르고 붙일 수 있는 것들이 많다. 그것들은 생명이 없다. chicken이나 dog처럼 말이다. 생명이 넘치는 학생은 a student라고 해야 맞다. student만 덩그러니 써놓으면 틀린 것이다. I am chicken(나는 닭고기입니다)처럼 I am student도 아주 이상한 문장이 된다.

내가 학생인 동안 영어는 나에게 순전히 암기 과목이었다. 부정 관사만 문제가 아니었다. 영어의 무시무시한 주제들, 즉 현재완료, to 부정사, 가정법 등을 가르치면서도 선생님들은 암기만 강조했다. 나는 영어 이해 방법을 알려주는 분을 만나지 못했다.

물론 세상에는 이상적인 영어 전문가도 많다. 오랜 기간 진실되게 노력해서 영어를 이해하고 사랑하게 만드는 영어 교육자와 연구자 등이 분명히 존재한다. 그러나 우리가 현실에서 그들을 만나서 값진 교육을 받을 확률은 극히 낮다.

그래서 영어 교육 소비자들은 속절없이 암기를 강요받는 처지가 된다. 나처럼 1980년대에 영어를 배운 세대뿐 아니라 2000년대의 청년도 상황은 비슷하다. 그리고 2020년대의 어린 학생들이라고 다를 수 없다. 질문과 이해 없이 기계처럼 암기만 하고 있다. 40년 넘게 그래왔다.

앞서 말했듯이 암기 영어는 영어의 생명력을 앗아가고 영어 공부를 고역으로 만든다. 또 암기력에는 한계가 있다. 도저히 더 이상은 외울 수 없는 시점이 찾아오게 된다.

우리가 10년, 20년 공부하고도 영어가 어렵고 싫은 것은 외우기만 했기 때문이다. 좋은 영어 교육이 되려면, 단순 암기의 비중을 줄이고 이해하는 법을 알려줘야 한다. 그것이 이 책의 목표다. 한국인의 마음에 가장 잘 맞는 영어 이해법을 찾는 게 나의 오랜 꿈이었으며, 그 결실을 이 책에 담게 되었다.

영어를 이해한다는 건 어떤 것인가?

그런데 영어를 이해한다는 건 어떤 것일까? 또 이해하면 어떤 이점이 있을까? 영어를 이해한다는 것은, 왜 그렇게 말해야 하는지 이유를 안다는 뜻이다. 그리고 영어 이해의 이점은 명백하다. 이해하면 잊지 않는다. 무턱대고 암기하니까 잊는 것이다.

이 책의 내용 전부가 영어 이해법 설명이다. 가정법, 분사, 수동, 부정 의문문, 완료 등 골치 아픈 주제들을 쉽게 풀어 이야기하는 게 책의 목표이다. 지금은 맛보기 설명에 해당한다. 단순한 예를 활용해 영어 이해의 효용을 보여주려고 한다.

먼저 "축하합니다"가 영어로 뭘까?

❶ Congratulation!

❷ Congratulations!

차이는 s의 유무인데, 한국인은 s가 없는 ①이 끌린다. Congratulation이 우리 감각으로는 자연스러워 보이는 것이다. 그렇게 말해도 뜻은 전달되겠지만, ②가 문법적으로 정확한 표현이다. 왜냐하면 미국인은 '축하'를 하는 게 아니라 '축하의 말'을 하기 때문이다.

Congratulations은 원래는 긴 문장이었다.

Please accept my warmest congratulations.

나의 따뜻한 축하의 말들을 받아 주세요.

= Congratulations. 축하의 말들.

"감사합니다"도 마찬가지다. Thanks for the dinner에서 왜 복수형 thanks를 쓸까? '감사의 말들'이기 때문이다. 안부를 전할 때도 같다. "그녀에게 안부를 전해주세요"는 Give my regards to her인데 여기서 regards는 '안부의 말들'이다. Season's greetings도 똑같다. 연말과 연초에 나누는 인사말들이 greetings이다.

영어권 사람은 축하를 주고받지 않고, 축하의 말들을 주고받는다.

그래서 Congratulations라고 복수형으로 말하는 것이다. 그리고 감사의 말들과 안부의 말들을 전한다. thanks와 regards가 그런 뜻이다.

아마 이 정도면 이해가 되었고 또 오래 기억할 것이다. 영어는 이유를 이해해야 재미도 있고 효율도 높다.

또 다른 예를 보자. "내일 비가 오면"은 영어로 뭘까?

❶ If it rains tomorrow

❷ If it will rain tomorrow

내일은 미래이니까 당연히 will이 필요할 것 같다. 하지만 ②가 아니라 ①이 정답이다. 미래지만 if 다음에 will을 빼고 단순 현재 rains를 쓰는 것이 문법에 맞다. 이상하다고 생각하겠지만 사실은 우리말도 똑같다.

❶ 내일 비가 오면

❷ 내일 비가 올 것이라면

내일은 미래지만 will(것이다)을 쓰지 않는다. ①이 맞고 ②는 아주 이상한 말이 된다.

왜 이런 현상이 일어날까. 한국어와 영어 모두 비슷하다. 미래를 예측을 할 때는 will을 쓰지만, 미래 예측이 아닌 경우 will을 쓰지 않는다.

If it rains tomorrow가 예측일까? "내일 비가 오면"이라는 뜻이므로 조건이지 예측이 아니다. 반면 "내일 비가 올 것이다"는 예측이다. 예측일 때는 will을 쓴다.

비가 올 것이다 → 예측이다 → will을 쓰자 → It will rain
비가 오면 → 조건이다 → will을 빼자 → If it rains

"내일 비가 오면 나는 집에 머물 것이다"의 영문은 아래와 같이 된다.

If it rains tomorrow I will stay home.

위 내용을 가르치면서 한국의 영문법은 이렇게 설명한다. "시간 조건 부사절에서는 현재 동사가 미래 시제를 표현한다." 그런 설명은 재미가 없을뿐더러 기억하기도 어렵다. 이해해야 장기 기억이 된다.

또 다른 예를 보자. "집에 가야 할 시간이다"가 영어로 뭘까?

❶ It is time I go home.
❷ It is time I went home.

정신없이 놀다가 시계를 보고는 깜짝 놀란 사람이 있다고 하자.

"나는 집에 가야 할 시간이다"라고 말하려면 어떻게 말해야 할까? ①도 얼마든지 그 뜻을 전하지만, 문법적으로는 ②가 옳은 표현이다. go가 아니라 went가 필요한 것이다. 언뜻 보면 이상하다. 현재 가야 한다는 뜻인데도 과거형 went를 쓰다니 영어는 참 희한한 언어다. 그런데 우리도 비슷하게 말한다.

"(아직도 여기 있어?)너는 집에 갔어야 할 시간이잖아."

"갔어야 할 시간"이라고 했다. "갔어야"는 과거다. 왜 과거형으로 말할까? "아까 갔어야 한다"는 걸 강조하는 것이다. 영어에서도 같은 이유로 동사의 과거형 went를 쓴다. 아래 예문에서 saw와 started를 쓴 이유도 같다.

It's time you saw a doctor.

의사를 만날 시간이야. (이미 만났어야 한다)

It's time you started thinking about other people.

네가 다른 사람들에 대한 생각을 시작할 때야. (이미 시작했어야 한다)

(2014학년도 수능)

마지막으로 쉬운 문제다. "나와 결혼할래요?"는 영어로 뭘까?

❶ Will you marry me?

❷ Will you marry with me?

한국인은 ②가 끌리지만 ①이 맞다. 생각해보면 역시 수상하다. "나와 결혼하다"인데 왜 with(~와)를 쓰면 안 되는 걸까? 옥스퍼드 사전에 따르면 marry의 한 가지 뜻은 '누군가를 아내나 남편으로 택하다 take someone as one's wife or husband'이다.

marry ⋯→ (누구를) 배우자로 택하다

I will marry you. ⋯→ 나는 당신을 배우자로 택할 것입니다.

이렇게 설명을 듣고 나면 "Will you marry with me?"가 왜 틀렸는지 이해하게 된다. 그리고 그 지식은 아주 오랫동안 간다. 이해해야 잊지 않는다.

이 책에서 내내 설명하겠지만 영어 이해는 얼마든지 가능하다. 위에서 소개한 단편적 사실뿐 아니라 완료, 수동, 가정법, 부정 의문문 등 넓은 개념도 너끈히 이해할 수 있다. 물론 힘들여서 암기해야 할 것도 있다. 외국어니까 외우지 않고 익힐 도리가 없다. 하지만 이해가 선행되면 훨씬 좋다. 더 많은 걸 오래 기억할 수 있기 때문이다.

이해하면 공부 효율도 높아진다. 이해를 통해 얻은 지식은 로켓 엔

진 연료가 누적되듯이 내 속에 쌓이다가 임계점을 맞게 된다. 분사, 완료, 가정법 등을 이해했다는 건 영어 실력의 로켓 발사대가 마련되었다는 의미다. 곧 높이 솟구쳐서 자유롭게 영어로 쓰고 읽고 말할 수 있게 될 것이다.

50일, 영어 실력 급상승의 시작이 된다

앞서 영어를 잘하려면 '암기'보다는 '이해'해야 한다고 강조했다. 그런데 한 가지가 더 있다. 기초 영어에서 벗어나는 용기가 필요하다. 기초 영어를 열심히 하면 영어 실력이 저절로 향상된다는 막연한 낙관이 있는데, 경계하는 것이 좋다.

물론 기초 영어는 중요하다. 기초 영어를 열심히 하면, 좀 더 수준 높은 영어 공부를 할 바탕이 생긴다. 그런데 기초 영어만 하면 안 된다. 용기를 갖고 조금 더 난이도 있는 영어에도 도전해야 한다. 그래야 잠재력이 폭발하고 영어 실력도 급상승할 수 있다.

기초 영어에서 탈출하는 용기는 재미를 위해서도 필요하다. 기초 영어만으로는 즐거운 영어 생활을 즐길 수 없다. 만화, 영화, 소설 등 영어로 된 즐길 거리들은 기본 이상의 영어 실력을 가져야 재미를 만끽할 수 있다.

가령 우리는 이 정도는 다 안다.

Be careful. 조심해.

그런데 재미있는 만화를 읽는 것도 고만한 영어 실력으로는 턱없다. 예를 들어 〈캘빈과 홉스Calvin and Hobbes〉에서 초등 저학년 아이가 이렇게 외친다.

Abracadabra. Homework, be done!

아브라카다브라 abracadabra는 마법 주문이다. 그러면 "홈워크, 비 던! Homework, be done!"은 무슨 뜻일까. 아주 쉬운 단어로 이루어진 문장이지만 20년 영어 공부한 사람도 해석에 시간이 걸린다. 그 뜻은 "숙제야, 다 돼라"이다. 숙제하기 싫었던 아이는 숙제가 저절로 되게 마술을 부리고 싶었던 것이다.

위 문장을 해석하려면, be done 즉 수동 명령을 알아야 한다. do의 과거분사(pp)인 done에도 익숙해야 한다. Be careful을 아는 정도의 기초 영어로는 저 귀여운 문장을 이해할 수가 없다.

다른 예를 보자. 기초 영어를 공부하면 조동사도 배우게 된다. 가령 이런 문장은 아주 쉽다.

You must be careful.

너는 조심해야 한다. (꼭 그래야 해)

유용한 표현이다. 하지만 저 정도를 안다고 영어를 한다고 할 수 없다. 사실은 어린이 영어로도 한참 부족하다. 소설 〈해리포터〉 시리즈를 예로 들어보자. 〈해리포터〉는 영어권 어린이들이 편하게 읽는 책이다. 하지만 한국식 영어 기초 실력으로는 감당할 수 없다. 고난도 표현이 자주 튀어나오기 때문이다. 예를 들면 이런 문장이다.

He must have known I'd want to leave you.

내가 너를 떠나고 싶어 할 걸 그는 틀림없이 알았다.

위 문장을 이해하려면 must have pp(~였던 게 틀림없다)를 몰라서는 안 된다. 기초 영어 수준을 넘는 복잡한 표현들이 〈해리포터〉의 페이지마다 서너 번은 꼭 나온다.

이번에는 if 문장에 대해서 이야기해보자. 우리가 if 문장을 모르는 게 아니다.

If I see Tom, I will say hello.

톰을 만나면 인사를 할 것입니다.

아주 쉽다. 중학생은 학교에서 배우고, 직장인은 학원에서 익혀서 잘 아는 문장 구조다. 그런데 그 정도 실력으로는 만화책도 못 읽는다.

강아지 스누피가 등장하는 만화 〈피너츠Peanuts〉에서 한 어린아이가 이렇게 말한다.

I wish I were a big TV star. If I were a TV star, I wouldn't have to go to school.

내가 유명한 TV 스타라면 좋겠어. 내가 TV 스타면 학교에 가지 않아도 될 거야.

같은 if 문장이지만 쉽지 않다. I wish I were와 I would't가 만만하지 않은 것이다. 그런데 더 복잡한 if 문장들이 〈피너츠〉에 빈번하게 나온다. If I see Tom, I will say hello 정도만 알아서는 사랑스러운 만화 〈피너츠〉를 읽을 수 없다. 그게 엄연한 사실이다.

만화나 소설 속 어린이 캐릭터가 말하는 영어 표현은 우리가 생각하는 기초 영어가 아니다. 영미권 어린이들이 실제 말하는 걸 들어봐도 수준이 꽤 높다. 그 어려운 가정법이나 조동사 등이 영어권에서는 아이들도 아는 기본 지식인 것이다.

그렇다고 의기소침할 것은 없다. 영어를 쉽게 배우는 길이 있다. 바로 이 책이 지향하는 바이다.

무엇보다 영문법 개념을 '무섭게' 말고 '우습게' 생각해야 한다. 영어도 한국어처럼 말에 불과하다. 인간이라면 다들 말을 할 줄 안다. 물리학이나 수학과 달리 애를 쓰면 익힐 수 있는 게 언어다. 이해하기만 하면 된다. 영미권에서 어린이들마저 고급 영어를 하는 것은 원리를 이해했기 때문이다.

만일 영문법 개념을 무작정 외웠다면 그 아이들의 영어도 기초 수준을 면치 못했을 것이다. 이해하면 고급 영어마저도 하잘것없다. 예를 들어서 가정법 과거, 현재완료 진행형, 완료형 부정사 등은 암기하려면 '저항하는 맹수'처럼 무섭지만, 이해하면 '장난치는 강아지'처럼 귀엽다. 이해 방법은 이 책에 가득 채워 놓았다.

우선 50일 정도 계획해서 공부를 시작하는 게 효과적이다. 영어는 한방에 포획하는 거대한 고질라가 아니다. 천방지축 정신없는 수십 마리의 포켓몬에 가깝다. 중요한 것을 선택해서 하나하나 날마다 잡아들여야 영어 정복이 쉽다. 이 책은 우리에게 혼란스러운 영문법의 핵심 개념과 활용 표현을 단 50강으로 나눠서 설명한다. 서로 적절히 겹치기도 하고 구별되기도 한다.

장담하건대, 영어 실력의 급상승 토대가 '50일 영어 이해 훈련'을 통해 마련될 것이다.

영어 원어민은
대놓고 뻥치지 못 한다

2

가정법

If BTS loved me

BTS가 나를 사랑한다면, 가정법이란

가정법은 중요하다. 영어 회화도 가정법을 모르면 제대로 할 수 없다. 그런데 가정법이 꽤나 어려운 게 문제다. 가정법 때문에 영어를 포기하는 사람도 적지 않다. 어떻게 하면 이 까다롭고도 중요한 가정법을 내 것으로 만들 수 있을까? 죽자사자 외우면 된다고? 그건 아니다. 이해해야 한다. 무엇보다 영어권 사람들이 왜 이 괴상한 가정법을 쓰는지 그 마음을 이해하면 가정법이 쉬워진다.

맨 먼저 할 일은 가정법이라는 명칭의 뜻을 아는 것이다. 가정법은 뭔가 신비로운 느낌을 주는 개념이지만 대단한 게 아니다. 가정법은 뻥을 치거나 상상할 때 쓰는 표현법이다.

가정법 = 뻥·상상 표현법

가정법은 한국인이 많이 쓰지 않지만, 영어 원어민은 아주 많이 활용한다. 그들의 뇌 구조는 우리와 다르기 때문이다. 영어 원어민의 뇌에는 뻥 체크 센서가 내장되어 있다.

영어 원어민의 뇌는 강박적으로 묻는다. '내가 할 말이 사실인가, 뻥인가'라고 반복적으로 자기 검열을 하는 것이다. 만일 자기가 할 말이 뻥이면 가만히 있으면 안 된다. 상대방에게 강력한 신호를 준다. '이거 뻥이고 상상입니다. 절대 믿지 마세요'라고 말이다. 그런 시그널을 보내는 방법이 있다. 바로 과거형 동사를 쓰는 것이다. 한국어 사용자들에게는 낯선 일이다. 예를 들어보자.

"내가 부자가 된다면"

위 한국어 문장은 누구나 할 수 있는 말이다. 열 살 철부지도, 벤처 기업 설립자도 똑같은 말을 쓸 수 있다. 그런데 열 살 아이가 말했다면 순전히 상상(가정)이고, 기업가가 말했다면 현실성 높은 진심이다. 상상과 진심을 똑같은 말로 표현하는 게 한국인의 습성이지만, 영어권에서는 다르다.

❶ **If I become rich**

내가 부자가 된다면 (부자 될 가능성이 있어, 진심이야)

❷ **If I became rich**

내가 부자가 된다면 (부자 될 가능성은 없어, 뻥이야)

①은 부자가 될 가능성이 높다고 생각하며 하는 말이다. 가령 사업을 시작했거나 투자 계획을 세우는 사람이 하는 말이다. 상상하는 어린이라면 ②라고 말할 것이다. 복권 한 장을 구입한 실직자 역시 ②라고 말할 가능성이 높다.

①의 become이 ②의 became(과거형)으로 바뀌었다. 과거형 동사 became은 중요한 신호다. '내 말은 뻥이에요'라는 시그널인 것이다.

뻥 체크 센서가 장착된 영어 원어민의 뇌는 이렇게 움직인다.

내가 부자가 되는 게 가능할까?

❶ 가능해, 진심이야 ···› 동사 현재형(become)

❷ 불가능해, 상상이야 ···› 동사 과거형(became)

일반적인 동사뿐 아니라 조동사도 마찬가지다. 불가능이라고 생각하면, 보통 will 대신 would(과거형)를 쓴다. 결국 이런 문장이 만들어진다.

❶ **If I become rich, I will help people.**

내가 부자가 된다면 사람들을 도울 것이다. (진심)

❷ **If I became rich, I would help people.**

내가 부자가 된다면 사람들을 도울 것이다. (뻥·상상)

①의 동사들은 현재형(become, will)이고 ②는 과거형(became, would)이다. ①은 부자가 되어 사람들을 돕는 게 가능하다고 생각하는 사람의 말이다. 이를테면 벤처 기업가의 진심인 것이다. ②는 자신이 부자가 될 리도 없고 사람들을 돕는 것도 헛꿈이라고 생각하면서 하는 말이다. 부자가 될 꿈을 진작에 포기한 사람에게 어울린다.

②가 ①과 다른 점은 분명하다. 지금 하는 말이 뻥·상상이라는 것을 알리기 위해 과거형 동사(became, would)를 선택했다. 영어 원어민은 입에 침도 안 바르고 뻥을 치지 못한다. 자신이 뻥 혹은 상상을 말한다는 사실을 꼭 상대에게 알리는 것이다. 난데없이 동사 과거형을 쓰는 것이 그 신호이다.

또 연습을 해보자. "BTS가 나를 사랑한다면"은 영어로 뭘까?

❶ **If BTS loves me**

❷ **If BTS loved me**

현실적인 판단 능력을 가졌다면 ②라고 말할 확률이 높다. 말하기

전에 이렇게 생각할 것이다.

BTS가 날 사랑할까? ⋯→ 말도 안 돼, 상상이야 ⋯→ 동사 과거형(loved)을 쓰자

①은 현재형(loves)이다. ①이라고 말했다면 그 사람은 BTS가 자신을 사랑할 가능성이 실제로 있다고 믿는 것이다. ②에서의 동사는 과거형(loved)다. 이때 loved는 과거형이지만 과거 뜻이 전혀 아니다. 현재 혹은 미래에 대한 가정이란 걸 나타낼 뿐이다. 다시 말해서 터무니없는 상상을 말하고 있다는 신호가 loved인 것이다.

❶ If BTS loves me, I will be happy.

BTS가 나를 사랑한다면, 나는 행복할 거야.(진심)

❷ If BTS loved me, I would be happy.

BTS가 나를 사랑한다면, 나는 행복할 거야.(뻥·상상)

①에는 will이 쓰였다. ①처럼 말하는 사람은 BTS의 사랑을 받아서 행복해질 가능성이 정말 있다고 생각한다. ②에는 과거형 would가 있다. BTS의 사랑을 받아서 행복해질 가능성이 거의 없다고 생각했기 때문에 will 대신 would를 택한 것이다.

또 다른 예를 보자. "당신이 슈퍼맨이라면, 데이트를 하겠어요"도 두 가지로 표현할 수 있다.

❶ **If you are Superman, I will date you.**

당신이 슈퍼맨이라면, 데이트를 하겠어요.(진심)

❷ **If you were Superman, I would date you.**

당신이 슈퍼맨이라면, 데이트를 하겠어요.(뻥·상상)

①을 말하는 사람은 상대가 정말 슈퍼맨일 수 있다고 생각한다. if+현재형 동사(are)와 will을 쓴 것이 그 증거다. ②는 if+과거형 동사(were)와 would를 썼다. '뻥·상상 시그널'이다. ②를 말하는 사람은 상대가 슈퍼맨일 가능성이 없고, 데이트할 일도 없다고 생각한다.

위에서 소개한 가정법 문장들의 구조를 보면 공통점이 있다.

If + 주어 + 과거형 동사 ~ , 주어 + would + 동사 원형 ~

이것을 '가정법 과거'라고 한다. 왜 '과거'냐면 과거형 동사(loved, were)가 쓰이기 때문이다. 그런데 속지 말자. 이름과 모양만 과거다. 뜻은 과거가 아니라 현재 혹은 미래다.

한편 주절에서 would 대신 could와 might를 쓸 수도 있다.

would ~할 것이다

could ~할 수 있을 것이다

might ~아마 할 것이다 (would보다 확률이 낮다)

If I had wings, I would fly.

날개가 있다면 나는 날 거야.

If I had wings, I could fly.

날개가 있다면 나는 날 수 있을 거야.

If I had wings, I might fly.

날개가 있다면 나는 아마 날 거야.

영어 원어민은 자신이 하는 말이 가정(뻥 · 상상)이면 명백하게 티를 낸다. 과거형 동사가 가정이라는 신호다. 그렇게 과거형 동사를 써서 뻥 · 상상을 전하는 표현법이 바로 가정법이다. 요약하면 이런 규칙이 나온다.

영어 원어민은 뻥·상상을 이야기할 때, 시제를 하나 후퇴시킨다.

현재를 말하면서, 가정(뻥 · 상상)이라는 걸 드러내기 위해, 일부러 과거 동사를 쓰는 것이다.

그런데 한국인에게도 비슷한 습성이 일부 있다. 우리도 “내가 부자였다면 좋겠다"라고 말한다. 문장에서 "였"은 분명히 과거 느낌이다. 하지만 뜻은 과거가 아니다. "내가 현재 부자라면 좋겠다"라는 뜻인데도 "였"이라는 과거 느낌 어미를 활용한다. 가끔이지만 우리말에서도 가정을 표현하기 위해 과거형 동사를 쓴다. 영어에서처럼 시제를 후퇴시키는 것이다.

If my son were alive

아들은 살았을까, 죽었을까? 가정법의 두 종류

이번에는 무섭고도 슬픈 예문이다. 아래 두 문장의 차이는 무엇일까?

❶ **If my son is alive, I will be happy.**

내 아들이 살아 있다면, 나는 행복할 것이다.

❷ **If my son were alive, I would be happy.**

내 아들이 살아 있다면, 나는 행복할 것이다.

일본의 한 언어학자가 제시한 예문이다.[1] 두 영어 문장의 한국어 번역 문장은 똑같다. 하지만 뜻에는 어마어마한 차이가 있다.

①은 아들의 생존 가능성을 믿으면서 하는 말이다. 가령 아들이 실종 상태인 것이다. 엄마는 아들이 생환하기를 빌고 있다. 이 경우 아들은 살아 있을 수 있다. ②는 전혀 다르다. 과거형 동사(were, would)를 썼다. 가정법이다. 다시 말해서 상상을 표현한 것이다. 엄마는 아들이 죽은 것을 알면서 살아 있으면 행복하겠다고 상상하고 있는 것이다. ②의 경우 아들은 이미 세상을 떠났다.

①은 사실을 표현한 말이다. 직설법 문장이다. ②는 가정법 문장이고 상상을 표현했다. 그럼 ②가 가정법인 것을 어떻게 알 수 있을까? 이전 절에서 설명한 내용이다. 동사가 과거형인 게 중요한 힌트다.

①과 ②를 비교하면 is가 were로 바뀌고, will이 would로 바뀌었다. 그렇게 동사를 과거형으로 바꾼 이유는 '이것은 상상이다'라고 알리기 위함이다.

이번에는 다른 상황을 설정해보자. 지금은 2021년이다. 엄마는 하늘을 보면서 상상한다. 2017년 10번째 생일에 아이가 살아 있었다면 얼마나 행복했을까 상상한다.

"아들이 살아 있었다면 나는 행복했을 것이다."

위의 말은 영어로 어떻게 표현할까? ③이라고 하면 된다.

❷ **If my son were alive, I would be happy.**

아들이 살아 있다면, 나는 행복할 것이다.

❸ **If my son had been alive, I would have been happy.**

아들이 살아 있었다면, 나는 행복했을 것이다.

뭐가 바뀌었을까? 바로 동사가 바뀌었다. were가 had been으로, would be가 would have been이 된 것이다.

❶ **If my son is alive, I will be happy.**

❷ **If my son were alive, I would be happy.**

❸ **If my son had been alive, I would have been happy.**

①은 직설법이다. 사실을 말하는 것이다. 어떤 상상을 지어내서 하는 말이 아니다.

②는 가정법 과거라고 한다. If my son were를 보면 were가 과거형이다. 그래서 가정법 과거라고 한다. 가정법이니까 상상이다. "지금 아들이 살아 있다면"이라고 상상하는 말이다. 가정법 과거는 현재에 대한 상상을 표현한다.

③은 가정법 과거완료다. If my son had been에서 had been은 과

거완료(had pp)다. 그래서 가정법 과거완료라고 부른다. 가정법 과거완료는 과거에 대한 상상을 표현한다. "과거에 ~했다면 ~했을 것이다"라고 말하는 게 가정법 과거완료이다.

이렇게 정리할 수 있다.

❶ If + 주어 + 동사 현재형, 주어 + will + 동사

= ~라면 ~할 것이다(진심) ⋯→ 직설법

❷ If + 주어 + 동사 과거형, 주어 + would + 동사

= ~라면 ~할 것이다(상상) ⋯→ 가정법 과거

❸ If + 주어 + had pp, 주어 + would + have pp

= ~였다면 ~했을 것이다(상상) ⋯→ 가정법 과거완료

❶ **If I have time, I will travel.**

시간이 있으면, 나는 여행할 것이다. (시간이 생길 수도 있어, 진심)

❷ **If I had time, I would travel.**

시간이 있으면, 나는 여행할 것이다. (시간이 없어서 여행 못 가겠지만, 상상)

❸ **If I had had time, I would have travelled.**

시간이 있었다면, 나는 여행했을 것이다. (시간이 없어서 여행 못 갔지만, 상상)

❶ **If it rains, I will stay home.**

비가 오면, 나는 집에 머물 것이다. (비가 올 수도 있어, 진심)

❷ **If it rained, I would stay home.**

비가 오면, 나는 집에 머물 것이다. (비가 오지 않겠지만, 상상)

❸ **If it had rained, I would have stayed home.**

비가 왔다면, 나는 집에 머물렀을 것이다. (비가 오지 않아서 외출했지만, 상상)

책에 따라 ①, ②, ③을 전부 가정법이라 부르기도 하지만, ②와 ③만을 가정법으로 여기는 책도 있다. 우리도 ②와 ③만을 가정법이라고 부른다. ②는 가정법 과거이며 ③은 가정법 과거완료이다.

I wish my cat could talk

"우리 고양이가 말을 하면 좋겠어요" I wish 표현

❶ I wish I live on Mars.

❷ I wish I lived on Mars.

"내가 (지금) 화성에 살면 좋겠다"에 해당하는 것은 어느 것일까? ①처럼 말하는 원어민도 있으나 ②가 문법에 보다 충실한 표현이다. 현재 살면 좋겠다는 뜻이지만, 과거형 lived로 표현했다.

if 뒤에서 그렇듯이 wish 다음에도 가정법을 쓰는 것이 원칙이다. 시제가 한 칸 후퇴하는 것이다. 현재형 동사 live를 써야 할 것 같은데 일부러 과거형 동사 lived를 쓰는 것이다.

"네가 (지금) 여기에 있었으면 좋겠다"는 영어로 뭘까?

❶ I wish you are here.

❷ I wish you were here.

②가 적합한 표현이다. wish 다음에 동사의 시제를 한 칸 후퇴시켜야 하는 것이다. 동사 과거형 were를 써서 상상을 표현한다는 사실을 간접적으로 밝히고 있다.

"고양이가 말을 했으면 좋겠다"는 뭘까?

❶ I wish my cat can talk.

❷ I wish my cat could talk.

①도 의미가 충분히 통하지만, 문법적으로 ②가 낫다. 고양이가 말을 할 수는 없다. 고양이가 말한다는 건 순전히 가정이고 상상이다. 그럴 때는 과거형 동사를 써야 한다. 위에서는 조동사 can의 과거형 could를 썼다. 정리하면 다음과 같다.

I wish + 주어 + 동사 과거형 = 주어가 ~하면 좋겠다

I wish + 주어 + could + 동사 = 주어가 ~할 수 있다면 좋겠다

여기서 기억할 사실이 있다. 대부분 "wish = ~하길 바란다"라고 생각한다. 그런데 그게 아니다. "wish = 안 되겠지만, ~하길 바란다"이다. 상상을 표현하는 동사가 wish이다. 예를 살펴보자.

❶ I hope you have a nice trip.

❷ I wish you have a nice trip.

"좋은 여행하기를 바랍니다"인데 ①이 일반적이고, ②는 어색하게 들릴 수 있다. 두 개의 동사는 뜻이 조금 다르기 때문이다.

hope = ~하길 바란다

wish = 안 되겠지만, ~하길 바란다

좋은 여행을 하라고 기원할 때는 ②보다 ①이 적합하다. wish가 아니라 hope를 활용해야 하는 것이다.

아래는 〈롱맨 딕셔너리 오브 커먼 에러스Longman Dictionary of Common Errors 2nd edition〉[2]에 나오는 문제다. 어느 게 맞을까?

❶ I hope you will enjoy your stay here.

❷ I wish you will enjoy your stay here.

"여기서 즐겁게 지내길 바랍니다"라고 할 때에도 ①처럼 hope를 쓰는 것이 일반적이다. 물론 will을 생략하는 것도 가능하다.

그런데 wish 뒤에 동사가 아니라 명사를 쓰면 달라진다. "진심으로 바란다"는 뜻이 되는 것이다.

I wish you a merry Christmas.

즐거운 성탄절을 보내길 바랍니다.

I wish you good luck.

당신에게 행운이 있길 기원합니다.

"말도 안 되지만 즐거운 성탄절이 되기를 기원합니다"가 아니다. 진심으로 비는 것이다.

위 예문들은 'wish + 사람 + 명사' 구조다. wish 다음에 과거형 동사가 없다. 그럴 때는 wish가 "진심으로 바란다"가 된다. to부정사가 와도 마찬가지다.

I wish to go to Paris. 나는 파리에 가길 바라요.

Who do you wish to speak to? 누구와 말하고 싶으신가요?

'wish + to + 동사' 구조이다. 정중한 표현법이고, 상상이 아니라 진심으로 바란다는 뜻이다.

I wouldn't do that

"나 같으면 안 해" 영화에 꼭 나오는 would 표현

영화 속 상황을 가정해보자. 한 친구가 아주 위험한 짓을 한다. 가령 폭탄을 발로 차거나 깜깜한데 연쇄살인마가 숨어 있는 숲속으로 혼자 가려고 한다. 옆에 있던 주인공이 걱정스러운 표정으로 이렇게 말할 것이다.

I wouldn't do that.

〈아이스에이지〉 〈스크림〉 〈터미네이터〉 등 많은 영화에 나온 대사이다. 무슨 뜻일까? "나는 그걸 안 할 것이다" 정도라는 건 짐작할 수 있다. 그런데 정확한 뜻이 뭘까? 또 would를 왜 썼을까? 그걸 알면 영어의 가정법에 대한 이해를 높일 수 있다.

먼저 긍정문 I would do that을 살펴보자.

❶ I will do that.

나는 그것을 할 것이다. (사실이고 진심이야)

❷ I would do that.

나는 그것을 할 것이다. (상상이야)

①은 뭔가를 정말 하겠다는 강한 의지의 표현이다. will이 그런 의지를 나타낸다. ②는 다르다. would가 있다. 가정을 표현한다. '~라면'이 숨어 있는 말이다. 즉 if 절이 생략되어 있는 것이다. 가령 이런 문장이 가능하다.

If I were you, I would do that.

내가 너라면 나는 그것을 할 것이다. (할 텐데)

위에서 if 절을 생략하고 남는 것이 I would do that이다.

I would do anything for you.

당신을 위해 무엇이든지 할 것이다.

역시 가정이 숨어 있다. if 절이 생략되어 있는 것이다.

If you loved me, I would do anything for you.

당신이 나를 사랑한다면, 나는 당신을 위해서 뭐든지 할 것이다. (할 텐데)

그가 나를 사랑하지 않는다는 걸 알면서 상상하는 말이다. 가정이고 상상이다.

I would do에 가정이 숨어 있는 것처럼, I wouldn't do에도 '~라면'이 숨어 있다. if 절이 생략된 것이다. 온전한 문장에는 아래처럼 "내가 너라면"이 있었을 것이다.

I wouldn't do that if I were you.

내가 너라면 나는 그걸 하지 않을 것 같다.

친구가 어리석거나 위험한 짓을 하려고 한다. 옆에서 이렇게 말해주면 된다.

I wouldn't do that.

나 같으면 안 해. / 나라면 안 할 거야.

애니메이션 〈겨울왕국Frozen〉에서도 재미있는 would 표현이 나온다. 마법 능력을 들킨 언니 엘사가 산으로 달아나 버린다. 동생 안나가 따라가서 도우려 하자 한스가 말린다. 엘사가 마법으로 안나를 해칠 수 있다고 걱정했던 것이다. 그러자 안나가 대답했다.

She would never hurt me.

그녀는 나를 절대 해치지 않을 거예요.

would never은 "절대 ~하지 않을 것이다"이다. 저 문장의 would에는 어떤 뜻이 숨어 있을까? 가정이 숨어 있다. '~라면'이 생략된 것이다. 가령 "어떤 일이 일어나도 언니는 절대 나를 해치지 않을 것이다"라는 뜻이 되는 것이다.

would never는 일생 대화에서도 많이 쓰인다.

A: Have you ever eaten shark?

상어 고기를 먹어봤어?

B: I would never try.

(설사 상어구이가 앞에 있어도) 시도도 하지 않을 것 같다.

I would never jump into a volcano.

(할 수 있어도) 나는 절대 화산에 뛰어들지 않을 거야.

I would never leave you.

(어떤 나쁜 일이 벌어져도) 나는 당신을 떠나지 않을 거야.

영화에 자주 나오는 또 다른 가정법 표현이 있는데 could를 활용한다. 〈탑건〉에서 한 여성이 남자 주인공에게 기밀을 알려달라고 말한다. 그러자 남자 주인공이 이렇게 대꾸했다.

I could tell you, but I'd have to kill you.

내가 말해줄 수 있지만, 그러면 당신을 죽여야 해요.

먼저 can과 could의 뜻 차이를 확인해보자.

❶ **I can tell you.**

너에게 말할 수 있다. (정말이야)

❷ **I could tell you.**

너에게 말할 수 있다. (있을 텐데, 가정이야)

②에는 어떤 가정이 숨어 있다. "굳이 말하라고 하면" 혹은 "당신이 정말 원하면" 등이 생략되어 있는 것이다. 그래서 can이 아니라 과거

형 could를 썼다.

❶ I will have to kill you.

나는 너를 죽여야 할 것이다. (정말이야)

❷ I would have to kill you.

나는 너를 죽여야 할 것이다. (그럴 것 같다, 상상이야, 겁먹지 마)

①은 무서운 진심이다. 반면 ②는 가정이다. 만일 그 기밀을 너에게 말한다면 죽여야 한다는 것인데 '그럴 일은 없겠지만'이라는 의미가 숨어 있다. 결국 죽이지 않겠다는 뜻이니까 듣는 사람이 겁에 질리지 않는다.

그런데 납치범에게는 뭐라고 말해야 할까? 아래도 액션 영화의 단골 대사 중 하나다. 악당이 주인공의 연인을 납치한 후 전화를 걸어서 협박을 하면 주인공은 꼭 이런 말을 한다.

If you touch one hair on her head

네놈이 그녀의 머리카락 한 올이라도 손대면

그다음에는 어떤 말을 하게 될까? I would kill you와 I will kill you 중 어느 것이 좋을까? 당연히 I will kill you여야 한다. 진심을 담은 표현이기 때문이다.

would와 could와 가정법을 알면 영화 속 대사의 깊은 재미를 느낄 수 있다. 물론 일상 대화에서도 마찬가지다. 재미있고 함축적인 말에는 가정이 깔려 있는 경우가 많다.

If I were you

"내가 너라면" If I am you는 왜 틀린 말일까?

“내가 너라면”이 영어로 뭘까? If I were you이다. 그런데 이상하다. If I am you은 왜 틀린 것일까? 기본적이면서도 중요한 문제인데, 설명해주는 사람도 거의 없다.

만일 내가 너라면 = If I am you (?)

저 등식은 맞을까? 틀렸다면 왜 틀린 걸까? 먼저 if가 무슨 뜻인지 알아야 한다.

If you like

당신이 좋다면 (좋을 수도 있고 아닐 수도 있는데)

If she is hungry

그녀가 배고프다면 (배고플 수도 있고 아닐 수도 있는데)

If I am you

내가 너라면 (내가 너일 수도 있고 아닐 수도 있는데?)

내가 너일 수도 있다고? 해괴한 소리다. 비현실적인 상상이다. 이런 상상(가정)을 표현할 때 영어권에서는 어떻게 할까? if 다음 동사의 시제를 후퇴시켜야 한다. am을 과거형으로 바꿔야 하는 것이다.

❶ **If I was you**

❷ **If I were you**

한국인의 눈에는 ①이 맞는 것 같다. If I was라고 말하는 사람들이 적지 않으며 틀린 표현은 아니다. 하지만 ②If I were you가 훨씬 일반적이다. 굳어진 표현에 가까우니까 If I were you라고 말하는 게 더 낫다.

If I were taller (상상인데) 내가 키가 크다면

If I were young (상상인데) 내가 젊다면

If I were thin (상상인데) 내가 날씬하다면

if I were you는 타인에게 조언을 할 때 많이 쓴다.

If I were you, I would run.

내가 너라면 나는 달릴 것이다.

I wouldn't do that If I were you.

내가 너라면 난 그걸 하지 않을 거야.

다음은 어느 중학교 3학년 시험에 나온 대화다.

A: I have a headache. What can I do?

두통이 있어. 내가 뭘 해야지?

B: If I were you, I would see a doctor.

내가 너라면 의사를 보러 갈 것 같다.

그렇다면 "내가 너였다면"은 어떻게 될까? 그렇게 바꾼 후 "내가 너였다면 그걸 하지 않았을 거야"로 만들어보자.

가정법 과거 = If + 주어 + 과거형 동사, 주어 + would + 동사

가정법 과거완료 = If + 주어 + had pp, 주어 + would + have pp

If I were you, I wouldn't do that.

내가 너라면 그것을 안 할 거야. (현재)

If I had been you, I wouldn't have done that.

내가 너였다면 그것을 안 했을 거야. (과거)

If he were kind, I would marry him.

그가 친절하다면 나는 그와 결혼할 것이다. (현재)

If he had been kind, I would have married him.

그가 친절했다면 나는 그와 결혼했을 것이다. (과거)

I'd love to / I'd rather

정중하거나 단호하거나, 극과 극 가정법 표현들

정말 그러고 싶어요

I would love to

A: Would you like to come in for tea? 들어와서 차를 드실래요?

B: I'd love to. 정말 좋겠네요.

B는 초대에 응한 것으로 보인다. 집에 들어가서 차를 마시겠다는 의미인 것이다.

I would love to ~ = ~하면 정말 좋겠다 / ~하고 싶다

그런데 I'd love to가 "그럴 수가 없다"라는 뜻으로 쓰이기도 한다. 거절이 될 수 있는 것이다.

A: Mom, Could you buy me a rainbow?

엄마, 무지개를 사줄 수 있어요?

B: I'd love to, but I can't.

정말 그러고 싶어, 그런데 그럴 수가 없어.

할 수 있다면 하겠어요

I would if I could

A: Let's go for a coffee. 커피 마시러 가자.

B: I would if I could. 그럴 수 있다면 하겠어.

B는 상대방의 제의를 정중하게 거절하고 있다. 커피를 마실 수 없어서 안타깝다는 마음을 드러내고 있다. 가정법 덕분에 그런 뉘앙스가 만들어졌다.

I would if I could = 할 수 있다면 하겠어요

A: Can you help me? 도와줄 수 있어?

B: I would if I could, but I can't. 할 수 있다면 하겠지만, 할 수가 없네.

괜찮으면 도와주실래요?

would you help me?

---

❶ **Will you help me?** 도와줄래요?

❷ **Would you help me?** 도와주실래요?

---

②가 더 정중한 표현이다. would에는 '~라면'이 숨어 있다.

Will you help me? = 나를 도와줄래요?

Would you help me? = ~라면 나를 도와줄래요? (시간이 있으면, 괜찮으면)

②는 시간이 없거나, 의사가 없다면 안 도와줘도 된다는 뜻이다. 상대에게 전적으로 맡기는 느낌이다. 그래서 would는 상대를 편하게 하는 정중한 표현이 되는 것이다.

Can I ask you a favor?

내가 도움을 청해도 되나요?

Could I ask you a favor?

(바쁘지 않으시면, 괜찮으시면…) 내가 도움을 청해도 되나요?

~해주면 좋겠어

it would be nice if~

It would be nice if you followed me on Twitter.

트위터에서 당신이 나를 팔로우하면 좋을 것 같아요.

상대에게 부담을 주지 않기 위해서 동사 과거형(would, followed)을 썼다. "상상하는 거라고 생각하고 마음대로 결정하세요"라는 뜻이 숨어 있다.

❶ It will be great if you help us.

당신이 우리를 도와주면 좋을 것 같아요.

❷ It would be great if you helped us.

(상상인데) 당신이 우리를 도와주면 좋을 것 같아요.

①과 ②의 뉘앙스 차이가 엄청난 것은 아니지만 ②가 좀 더 조심스럽다. 안 도와줘도 괜찮다는 어감이다.

네가 세상 마지막 남자라고 해도

if you were~

❶ If you are the last man on earth.

❷ If you were the last man on earth.

"네가 지구의 마지막 남자라고 해도"라고 하려면 ②이다. 네가 지구의 마지막 남자라고 '가정' 혹은 '상상'해보자는 말이다. 가정을 할 때 if+동사 과거형(were)을 써야 한다.

A: Will you go on a date with me today?

오늘 나와 데이트할래?

B: Not if you were the last man on earth.

네가 세상 마지막 남자라고 해도 싫어.

Even if you were the last woman on earth, I wouldn't go out with you.

네가 세상의 마지막 여자라고 해도 데이트하지 않을 거야.

I wouldn't go out with you if it was a choice between you and the giant squid.

너와 대형 오징어 중에서 선택한다고 해도, 너와 데이트하지는 않을 거야.

마지막 예문은 〈해리포터와 불사조 기사단〉의 영문판에 나오는 것이다. 가정이기 때문에 if it is가 아니라 if it was라고 했다.

차라리 죽겠어요

would rather

A: Will you marry me? 나와 결혼해줄래?

B: I'd rather die. 차라리 죽겠어요.

I would rather die = 나는 차라리 죽을 것이다

정말 죽겠다는 뜻일까? 아니다. 뻥이다. 과거형인 would가 뻥이라는 사실을 나타낸다. I will die는 "정말 죽겠다"는 뜻이지만, I would die는 "상상해보면 죽을 것 같다"는 말이다.

I'd rather die than marry him. 그와 결혼하느니 차라리 죽겠다.

비슷한 표현으로는 I would prefer가 있다.

I would prefer to do~ ~를 하기를 더 원해요

I would prefer to die. 죽기를 더 원해요. / 죽는 게 좋아요.

I'd prefer to walk. 걷는 게 더 좋아요.

would rather not을 쓰면 "~하지 않는 게 좋겠다"라는 뜻이 된다.

I'd rather not marry you.

나는 당신과 결혼하지 않는 게 더 좋아요.

I'd rather not go.

나는 가지 않는 게 더 좋아요.

그만 쳐다보면 안 되나요

would you mind not

Would you mind not talking?

= 당신은 싫을까요(would you mind) + 말하지 않기(not talking)

= 말하지 않으면 안 되나요?

말하지 말라고 의사를 분명히 밝혔지만 강압적이지는 않다. 예의 바르게 요구하는 데 쓰는 표현이다.

Would you mind not 동사ing? ~안 하면 안 되나요?

Would you mind not smoking? 담배를 안 피우면 안 되나요?

Would you mind not doing that? 그것을 안 하면 안 되나요?

A: Would you mind not staring at me like that?

나를 그렇게 쳐다보지 않으면 안 되나요?

B: I was staring into space.

나 허공을 보고 있었어요.

DAY 7

If I had known then what I know now

회화의 격을 높이는 가정법 표현들

세종대왕이 안 태어났다면 어땠을까?

what would have happened

What would happen if the Earth stopped spinning?

지구가 회전을 멈추면 어떻게 될까?

동사 과거형(would, stopped)을 썼다. 동사 과거형을 활용해서 현재 혹은 미래에 대한 상상을 한 것이다. 그러면 과거에 대한 상상은

어떻게 표현할까?

What would happen if + 주어 + 동사 과거형

= 만일 ~하면 어떤 일이 일어날까?

What would have happened if + 주어 + had 과거분사

= 만일 ~했다면 어떤 일이 있어났을까?

What would have happened if the Earth had stopped spinning?

지구가 회전을 멈췄다면 어떻게 되었을까? (과거 상상)

What would have happened if King Sejong the Great had not been born?

세종대왕이 태어나지 않았다면 어떤 일이 일어났을까?

What if Shakespeare had been a woman?

셰익스피어가 여자였다면 어떤 일이 생겼을까?

내 코가 높다면 행복할 거야

if my nose were

---

❶ If my nose is higher, I will be happier.

❷ If my nose were higher, I would be happier.

"내 코가 더 높다면 나는 더 행복할 거야"이다. 성형 수술대에 누워 있다면 ①처럼 말하는 것도 가능하나, 코가 높아지는 건 보통은 상상이므로 ②가 적합하다. if 절에 동사 과거형 were를 쓰고 주절에도 과거형 would를 써서 상상(가정)임을 나타낸다.

❶ If he had a higher nose, he could be an actor.

그의 코가 더 높다면 그는 배우가 될 수 있을 것이다. (될 텐데)

❷ If he had had a higher nose, he could have been an actor.

그의 코가 더 높았다면 그는 배우가 될 수 있었을 것이다. (되었을 텐데)

①은 가정법 과거이다. "현재 그의 코가 높다면"이라고 가정한다. ②는 가정법 과거완료이다. "과거에 그의 코가 높았다면"이라고 가정한다. ①과 ②의 차이는 무엇일까? had ··· had had, could be ··· could have been으로 바뀌었다.

클레오파트라의 코에 대한 파스칼의 가정문도 유명하다. had been과 would have been이 활용되었다.

Cleopatra's nose, had it been shorter, the whole face of the world would have been changed.

클레오파트라의 코가 낮았다면 세계의 얼굴 전체가 바뀌었을 것이다.

if it had been shorter에서 if가 생략되자 어순이 바뀌어서 had it been shorter가 되었다. if가 없는 대신 had가 맨 앞으로 자리를 옮기게 된다.

if it had been shorter = had it been shorter(코가 더 낮았다면)

혼란스러운 코 모양 명칭에 대해서 간단히 정리할 필요가 있겠다. 영미권 사람들이 생각하는 코의 모양은 종류가 참 많다.

코가 크며 콧구멍은 넓고 코끝이 둥글면 big nose, 배우 엘리자베스 테일러나 축구 선수 웨인 루니처럼 코끝이 약간 들려 있다면 snub nose, 그림 속 모나리자처럼 곧고 콧구멍도 좁으면 greek nose, 배우 톰 크루즈처럼 강고한 이미지의 코는 roman nose, 작고 둥글고 귀여운 코는 button nose, 버락 오바마처럼 코가 길고 넓으면 nubian nose라고 하며, 낮은 코를 short nose라고 부르기도 한다.

동양권에서 주로 통용되는 high nose가 너나없이 코가 높은 영미권 사람들에게는 생경할 수 있다는 걸 기억하는 게 좋겠다.

내가 재채기를 했다면

if I had sneezed

---

❶ **If I sneezed, I would die.**

내가 재채기를 하면 나는 죽을 것이다.

❷ **If I had sneezed, I would have died.**

내가 재채기를 했다면 나는 죽었을 것이다.

---

②는 미국 흑인 인권운동가 마틴 루터 킹이 했던 말이다. 그는 테러를 당해서 대동맥에 칼날이 꽂혀 있었다. 그래서 재채기만 해도 숨질 뻔했다고 한다.

모든 시험에 ②와 같은 가정법 과거완료가 자주 출제된다.

If he had taken more money out of the bank, he could have bought the shoes.

그가 은행에서 돈을 더 찾았다면 그 신발을 살 수 있었을 것이다.

(2013년 지방직 공무원 9급)

The game might have been played if the typhoon had not been approaching.

만약 태풍이 접근하지 않았더라면 그 경기가 열렸을 것이다.

(2015년 국가직 공무원 7급)

 지금 아는 것을 그때 알았다면

if I had known

If I had known then what I know now

지금 아는 것을 그때 알았다면

현명하지 못했던 과거를 후회할 때 쓰는 말이다. 고급스러운 표현이고 또 상당히 많이 쓰이므로 알아둘 필요가 있다.

If I had known what I know now, I would have gone to college. 지금 알고 있는 걸 알았다면, 나는 대학에 갔을 것이다.

I could have saved him If I had known what I know now.

지금 아는 것을 알았다면 나는 그를 구할 수 있었을 것이다.

내 입장이라면 뭘 했겠어?

what could you have done

What do you do? 뭐해요? (보통, 항상)

What will you do? 뭐할 건가요? (미래)

What would you do? 뭐할 것 같아요? (가정, ~라면)

---

do, will, would가 큰 의미 차이를 낳는다. 더 긴 예문을 통해 비교해보자.

What do you do on Saturdays?

토요일에 (보통) 뭐해요?

What will you do this Saturday?

이번 주 토요일에 뭐할 건가요?

What would you do if it were Saturday?

오늘이 토요일이라면 뭐할 것 같아요?

❶ **What could you do in my place?**

네가 내 입장이라면 뭘 할 수 있겠어?

❷ **What could you have done in my place?**

네가 내 입장이라면 뭘 할 수 있었겠어?

①은 현재 이야기이고 ②는 과거에 대한 가정이다.(could do ··· could have done)

갈 수 있었다면

I wish I could have gone

---

❶ **I wish I knew him.** (지금) 내가 그를 안다면 좋겠다.

❷ **I wish I had known him.** (과거에) 내가 그를 알았다면 좋겠다.

---

wish 다음에는 가정법이 온다.

wish + 동사 과거형 = ~라면 좋겠어 (현재)

wish + had 과거분사 = ~였다면 좋겠어 (과거)

I wish I had a car.

차가 있다면 좋겠다. (아니지만)

I wish I had had a car.

차가 있었다면 좋겠다. (아니었지만)

I wish we had purchased the apartment last year.

우리가 작년에 그 아파트를 구입했었다면 좋겠다. (2010년 국가직 공무원 9급)

It's my fault. I wish I hadn't returned the game.

그건 내 잘못이야. 게임(DVD)을 반납하지 않았다면 좋겠어. (2011학년도 수능)

 소크라테스는 뭐라고 했을까?

what would he have said

A: I am good looking, but I am not happy.

나는 잘 생겼는데 불행해.

B: What would Socrates say?

소크라테스는 뭐라고 할까?

소크라테스는 지금 이 세상에 없다. 가정이기 때문에 would를 썼다.

What would Socrates say about the iPhone?

아이폰에 대해 소크라테스는 뭐라고 할까?

What would Buddha do?

부처라면 무엇을 할까?

“뭐라고 할까”가 대신에 “뭐라고 했을까”라고 말할 수도 있다. 이 경우에는 과거에 대한 가정이므로, 동사를 바꿔야 한다.

would say ⋯→ would have said

would do ⋯→ would have done

What would Socrates have said to Hitler?

히틀러에게 소크라테스는 뭐라고 했을까?

What would Jesus have done?

예수라면 무엇을 했을까?

영어 표현을
정교하고 풍성하게

3

분사

I am seeing someone

정말 짜증 나는 말, '분사'는 대체 뭘까?

분사가 무슨 뜻일까? 동사, 명사, 형용사 등의 뜻은 알겠지만, 분사는 말뜻부터 모호하다. 전국의 학생 수십만 명은 뜻도 모르면서 분사, 현재분사, 과거분사, 분사 구문 등을 무작정 외운다. 내가 학생이던 1980년대에도 그랬고 2020년대에도 똑같다. 40년이 흘렀지만 뚜렷한 발전이 없다.

분사를 알면 영어 공부의 최대 고비를 넘어선 것이다. 분사가 영어의 핵심 부품이기 때문이다. 가령 우리말로 치면 '밥 먹었다'의 '었'이 영어의 분사와 유사하다. '밥 먹고 있다'의 '있'도 분사와 비슷한 기능을 한다. '었'과 '있' 같은 어미를 모르면 한국어를 할 수 없다. 마찬가지로 분사를 모르면 영어를 잘할 수 없다. 반대로 까다로운 분사를 알면 영어 공부의 가장 높은 산을 넘은 것이나 다름없다.

먼저 분사의 말뜻부터 파악할 필요가 있다. 앞으로는 '분사'를 듣고 '인어공주'를 떠올리면 된다. 분사는 인어공주를 닮았다. 인어공주가 부분 사람이고 부분 어류인데, 분사는 부분 동사이고 부분 형용사이다.

대단한 게 아니다. 분사란 부분적으로는 동사의 성격인데, 부분적으로는 형용사인 낱말이다. '분사'의 '분'도 바로 '부분'의 '분'을 따온 것이다.

동사 steal의 경우를 보자.

현재	과거	과거분사(pp)	현재분사
steal	stole	stolen	stealing

stolen이 steal의 과거분사 pp이며, 모든 과거분사가 그렇듯이 동사 역할도 하고 형용사 역할도 한다.

❶ **The dog was stolen.** 그 개는 도난당했다.

❷ **He found the stolen dog.** 그는 도난당한 개를 찾았다.

①에서 was stolen은 '도난당했다'이다. stolen은 동사의 한 부분이

되어 동사 역할을 하고 있는 것이다. ②의 stolen dog은 '도난당한 개'다. 'stolen'은 'dog'를 꾸미며 형용사 역할을 한다.

그렇게 과거분사 stolen은 동사와 형용사라는 두 가지 역할을 한다. 부분적으로는 동사이고 부분적으로는 형용사다.

이번에는 cry를 보자.

현재	과거	과거분사(pp)	현재분사
cry	cried	cried	crying

crying이 현재분사다. 현재분사도 두 가지로 쓰인다. 동사도 되고 형용사도 된다.

❶ **The baby is crying.** 아기가 울고 있다.

❷ **the crying baby.** 우는 아기.

①에서 is crying(울고 있다)이 보인다. crying이 동사 역할을 한다. ②에서 crying(우는)이 baby를 꾸민다. 형용사 역할을 하는 것이다.

인어의 한 부분은 사람이고, 다른 부분은 물고기다. 분사도 일부분은 동사이고, 일부분은 형용사인 것이다. 만일 새로운 개념을 굳이 만든다면 분사는 '동형사'가 될 것이다.

억지로 새 이름을 쓰자는 주장은 아니다. 분사라는 이름은 이미 굳어져서 바꾸기는 힘들다. 그래도 알아두면 이득이다. '분사'라는 짜증스럽게 모호한 말을 들으면, 아래와 같이 생각하면 마음이 편해진다.

"분사는 동사 역할과 형용사 역할을 하는 단어다."

그런데 기억할 게 있다. 분사는 형용사 역할보다는 동사 역할이 훨씬 중요하다. 아래 내용을 반드시 외워야 한다.

❶ be + 현재분사 = ~하고 있다 (진행)

❷ be + 과거분사 = ~ 당하다 (수동)

❸ have + 과거분사 = ~했다 (완료)

❶ **I am telling.** 나는 말하고 있다. (진행)

❷ **I am told.** 나는 말해진다. / 듣는다. (수동)

❸ **I have told.** 나는 말했다. (완료)

telling은 tell의 현재분사이며, told는 과거분사이다. 위처럼 동사 역할 분사는 세 가지 형태를 취한다. be + 현재분사, be + 과거분사, have + 과거분사가 그것이다. have + 현재분사는 안 쓴다. 진행형을 만드는 be동사가 없으므로 have와 현재분사를 함께 쓰는 것은 틀린 표현이다.

이번에는 동사 see를 예로 들어보자.

현재	과거	과거분사(pp)	현재분사
see	saw	seen	seeing

❶ **I am seeing.** 나는 만나고 있다. (진행)

❷ **I am seen.** 나는 보인다. (수동)

❸ **I have seen.** 나는 봤다. (완료)

❶ **I am seeing someone.** 나는 누굴 만나고 있다.

❷ **I am seen by people.** 사람들이 나를 본다.

❸ **I have seen the movie.** 나는 그 영화를 봤다.

참고로 see(보다)는 보통은 진행형(be seeing)으로 쓰지 않는다. 하지만 "만나다"라는 뜻일 때는 진행형을 써도 된다. I am seeing someone은 가능한 표현이다.

정리해보자. 분사는 형용사와 동사 역할을 하는 낱말이다. 그런데 동사 역할이 한결 중요하다. 동사로서 분사는 진행, 수동, 완료의 뜻을 만들어낸다.

다소 막연하게 들리겠지만 여기서 단숨에 모든 것을 알아야 하는 건 아니다. 다음 절에서도 분사의 동사 역할에 대해서 충분히 설명할 것이다.

다만 분사가 좋은 친구라는 사실만은 기억하고 넘어가자. 분사 덕분에 우리는 다양한 시제와 태를 표현할 수 있다. 즉 "~하고 있다" "~당했다" "~했다"라는 정교한 표현이 분사 덕분에 가능한 것이다. 사실 분사는 다재다능하고 고마운 존재다.

끝으로 이론적인 이야기를 덧붙이겠다. 분사라는 이상한 개념이 어떻게 태어났을까. 분사는 영어로 participle이며 라틴어 participium(분할, 공유)에서 온 것이다. participle은 주로 동사와 형용사 기능을 한다. 동사와 형용사가 participle의 지분을 분할 공유하고 있는 셈이다.

이 participle의 번역어를 고민하던 동양인들은 participle의 'part'를 '分'으로 곧이곧대로 번역해서 분사分詞라는 말을 만든 것으로 추정한다. 이렇게 탄생한 분사 이름은 뜻 모를 낱말이 되었고 이후 한국으로 건너와 영어 공부하는 이들을 수십 년째 괴롭히고 있다. 명사, 동사 등은 명칭이 기능을 알려주지만, 분사는 명칭이 아무런 힌트를 주지 않아서 막막하고 어렵다. participle을 분사가 아니라 '동형사' 정도로만 번역했어도 영어를 공부하는 이들이 훨씬 편했을 것이다.

DAY 9

I have been to Korea

머리 아픈 분사는 배워서 무엇에 쓸까?

어려운 분사는 배워서 뭐에 쓸까? 분사는 섬세한 표현을 돕는다. 분사 덕분에 시제와 수동과 능동을 정확히 표현할 수 있다. 앞에서 간단히 설명한 것이지만 여기서는 좀 더 자세히 살펴볼 것이다.

한국어 표현을 놓고 생각해보면 납득이 될 것이다. 여기 미국에서 온 사람이 있다고 가정하자. 그는 한국어를 1년 넘게 열심히 공부했다. 그러나 아직 많이 부족하다. 그가 이렇게 말했다. "사슴은 호랑이에게 먹어요."

이상한 소리다. 원래 하고 싶었던 말은 "사슴은 호랑이에게 먹혀요"였다. 그런데 "먹히다"라는 표현을 몰라서 "먹어요"라고 표현하고 말았다. 영어로 "사슴은 호랑이에게 먹혀요"는 뭘까?

Deers are eaten by tigers.

저 문장에서 are eaten이 "먹히다"이다. 그리고 eaten이 eat의 과거분사다. eaten을 알면 "먹히다"처럼 세련된 영어 표현을 쓸 수 있는 것이다. 분사를 배워서 뭘 할까? 수동태를 쓸 수 있어서 좋다.

이번에는 외국인이 다른 말을 했다. "나는 한국어를 배워요" 그가 정작 하고 싶었던 말은 "나는 한국어를 배우고 있어요"였다. 그런데 "배우고 있다"는 표현을 몰라서 어색하게 말하고 말았다. 영어로 "나는 한국어를 배우고 있어요"는 뭘까?

I am learning Korean.

위에서 am learning은 "배우고 있다"이며 learning은 learn의 현재분사다. 그와 같은 분사 활용법을 알아야 "배우고 있다"에 해당하는 영어를 능숙하게 할 수 있다. 분사를 배워서 무엇에 쓸까? 진행형을 말할 때 활용할 수 있다.

한국어를 배우는 외국인이 이번에는 이렇게 말했다. "나는 한국에 갔다" 역시 정확히 뜻이 전달되지 않는다. 그가 원래 하고 싶었던 말은

"한국에 갔었습니다"이다. "나는 한국에 갔었습니다"는 영어로 뭘까?

I have been to Korea.

"나는 한국에 갔었습니다" 혹은 "나는 한국에 간 적이 있습니다"이다. have been을 알아야 이런 말을 할 수 있다. been은 be의 과거분사다. 과거분사를 알아야 "갔었습니다"에 해당하는 세련된 영어 표현이 가능하다.

"먹히다" "있다" "갔었다"를 모르면 우리 말이 이상해진다. 똑같은 이유로 현재분사와 과거분사를 모르면 영어 표현 능력이 높아질 수 없다. 분사를 배워서 뭐에 쓰냐고? 분사를 알아야 세련된 영어 표현이 가능하다.

분사를 활용하는 기본 방법을 다시 한번 정리해보자. be는 친구가 둘이다. 현재분사(동사ing)와 과거분사(pp) 양자와 놀 수 있다. 반면 have는 친구가 하나다. 과거분사와는 어울리지만 현재분사와는 함께 할 수 없다.

be + ing = ~하고 있다 (진행)

be + pp = ~ 당한다 (수동)

have + pp = ~했다 (완료)

동사 eat을 이용해서 정리해보자. eat의 현재분사 eating과 과거분사 eaten을 활용하면 아주 다채로운 표현이 가능하다. 다소 부자연스러운 표현도 있지만 복잡한 활용 형태를 한데 모아 명쾌하게 비교 설명하는 게 우선이었다.

I am eating. 나는 먹고 있다. (현재 진행)

I was eating. 나는 먹고 있었다. (과거 진행)

I am eaten. 나는 먹힌다. (현재 수동)

I was eaten. 나는 먹혔다. (과거 수동)

I have eaten. 나는 먹었다. (현재완료)

I have been eating. 나는 (지금까지) 먹고 있다. (현재완료 진행)

I am eating pizza.

나는 피자를 먹고 있다. (현재 진행)

I was eating pizza.

나는 피자를 먹고 있었다. (과거 진행)

Pizza is eaten by people.

피자는 사람들에게 먹힌다. (현재 수동)

Pizza was eaten by people.

피자는 사람들에게 먹혔다. (과거 수동)

I have eaten pizza many times.

나는 피자를 여러 번 먹었다. (현재완료)

I have been eating pizza for ten hours.

나는 피자를 (지금까지) 10시간 동안 먹고 있다. (현재완료 진행)

아직 개념이 명확하지 않을 수 있는데 실망할 것 없다. 다음 두 개의 절에서 과거분사와 현재분사의 역할을 나눠서 자세히 설명하겠다.

DAY 10

Let's get started

과거분사의 뜻은 간단히 무엇인가?

분사에는 두 종류가 있다. 현재분사(동사+ing)와 과거분사(동사+ed)이다. 여기서는 과거분사에 대해서 이야기한다.

많은 경우 '과거분사=동사+ed'이다. wanted, helped, watched처럼 말이다. 그런데 자기 멋대로 변하는 불규칙 동사도 있는데, 가장 대표적인 것이 앞서도 이야기했던 eat이다. eat는 현재-과거-과거분사의 모양이 모두 다를 뿐 아니라 목적어를 취하기 때문에, 분사의 쓰임을 설명할 때 아주 유용하다.

현재	과거	과거분사
eat 먹다	ate 먹었다	eaten ❶ 먹히 ❷ 먹었

eat는 '먹다'이다. ate는 '먹었다'이다. 그럼 과거분사 eaten은 뜻이 없을까? 당연히 있다. 두 가지다. 과거분사는 두 가지 뜻을 갖는다.

eaten ❶ 먹히 (수동) ←··· be와 합체하면

❷ 먹었 (완료) ←··· have와 합체하면

❶ **be eaten** 먹히다 (수동)

❷ **have eaten** 먹었다 (완료)

먼저 be동사와 합체할 경우를 보자. 여기서 be동사는 조동사다. 주인이 아니라 조수 동사일 뿐이어서 거의 뜻이 없다. be동사는 과거, 현재, 미래 즉 때를 나타낼 뿐이다. 뜻을 표현하는 것은 eaten이다.

I was eaten.

= 나는(I) + 과거에 ~이었다(was) + 먹히는(eaten) = 나는 먹혔다.

I am eaten.

= 나는(I) + 현재 ~이다(am) + 먹히는(eaten) = 나는 먹힌다.

I will be eaten.

= 나는(I) + 미래에 ~일 것이다(will be) + 먹히는(eaten) = 나는 먹힐 것이다.

위 예문들에서 eaten(과거분사)이 be와 합쳐져서 "먹히다"라는 뜻을 만들었다. 그런데 과거분사는 친구가 하나 더 있다. have와 합체하는 것이다. have와 합체하면 "먹었다"라는 완료 의미가 된다.

I have eaten three apples. 나는 사과 세 개를 먹었다.

정리해보자. 과거분사는 동사로 쓰일 때 두 친구와 어울릴 수 있다. be와도 결합할 뿐 아니라 have와 어울리는 것이다. 이 두 경우에 뜻이 달라진다.

be + 과거분사 = ~을 당한다 (수동)

have + 과거분사 = ~을 했다 (완료)

동사 bite(bite-bit-bitten), pay(pay-paid/payed-paid/payed)를 활용해서 문장을 만들어보자.

He bites. 그는 문다. (능동)

He is bitten. 그는 물린다. (수동)

He has bitten. 그는 물었다. (완료)

He was bitten by a cat. 그는 고양이에게 물렸다. (수동)

He has bitten a cat. 그는 고양이를 물었다. (완료)

I pay. 나는 지불한다. (능동)

I am paid. 나는 지불받는다. (수동)

I have paid. 나는 지불했다. (완료)

I am badly paid. 나는 형편없이 돈을 받는다. (수동)

I have paid the rent for three years. 3년 임대료를 지불했다. (완료)

물론 He has bitten a cat은 어색하다. 과거형 bit를 써서 He bit a cat이라고 하는 게 간명하다. 그리고 I paid the rent라고 하는 편이 더 깔끔하다. 하지만 여기서는 과거분사의 활용을 설명하는 게 주된 목적이기 때문에 완료형을 소개한 것이다.

한편 일상 대화에서 과거분사가 have나 be동사뿐 아니라, get과 함께 쓰일 때가 많다. 가령 “시작합시다”라고 말하려면 아래 두 문장 중 어느 쪽을 택해야 할까?

❶ **Let's get start.**

❷ **Let's get started.**

②가 정답이다. 시작된(started)된 상태가 되자 (let's get)는 의미다. 그러면 "옷 입어라"는 영어로 뭘까?

❶ **Get dressing.**

❷ **Get dressed.**

답은 ②번이다. 옷 입힌(dressed) 상태가 되라(get)는 의미다.

Get dressed or you will be late.

옷 입어라, 아니면 너는 늦을 거야.

She knows how to get dressed.

그녀는 옷 입는 방법을 안다.

get+과거분사 표현은 흔하다. 예를 들면 get fired(해고된 상태가 되다, 해고되다), get arrested(체포되다), get married(결혼하다), get divorced(이혼하다), get lost(길을 잃다), get hit(매 맞다) 등이다.

정리해보자. 과거분사(pp)는 동사로 쓰일 때, 원칙적으로 두 가지

동사와 결합한다. be와 have의 짝이 되는 것이다. be pp는 수동이고 have pp는 완료이다. 그런데 일상 대화에서는 get pp도 자주 쓴다. 세 가지 경우를 다 알면, 영어가 유창해진다.

I want to spend my life loving you

현재분사의 뜻은 더 간단히 무엇인가?

현재분사(동사+ing)는 무슨 뜻일까? 이래도 되나 싶게 간단하다. 바로 '~하고 있는'이다.

현재분사 = ~하고 있는

singing = 노래하고 있는

현재분사는 be동사와 함께 쓴다. 이때 be동사는 때를 나타낸다. am, are, is는 '현재 ~이다'라고 보면 된다. was, were는 '과거 ~이었다'이고 will be는 '미래 ~일 것이다'라고 생각하면 된다.

I am singing.

= 나는(I) + 현재 ~이다(am) + 노래하고 있는(singing)

= 나는 노래하고 있다.

I was singing.

= 나는(I) + 과거 ~이었다(was) + 노래하고 있는(singing)

= 나는 노래하고 있었다.

I will be singing.

= 나는(I) + 미래에 ~일 것이다(will be) + 노래하는 있는(singing)

= 나는 노래하고 있을 것이다.

We were having dinner.

우리는 저녁을 먹고 있었다.

We are having dinner.

우리는 저녁을 먹고 있다.

We will be having dinner tomorrow night.

내일 밤 우리는 저녁을 먹고 있을 것이다.

Mary was shouting.

메리를 소리를 지르고 있었다.

Mary is shouting.

메리는 소리를 지르고 있다.

Mary will be shouting.

메리는 소리를 지르고 있을 것이다.

그런데 동사ing를 다르게 해석해야 할 때도 있다. '~하는 중'이 아니라 '~하기'가 된다. 이때는 동사ing가 현재분사가 아니라 동명사이다. 동명사는 현재분사와 모양이 같지만 뜻은 다르다.

driving ···› 운전하고 있는 (현재분사)
···› 운전하기 (동명사)

❶ **She is driving.** 그녀는 운전하고 있다.

❷ **She hates driving.** 그녀는 운전을 싫어한다.

①에서는 driving은 현재분사이고 ②에서는 동명사이다.

loving ···› 사랑하고 있는 (현재분사)
···› 사랑하기 (동명사)

❶ **I want to spend my life loving you.**

내 인생을 보내고 싶어. 너를 사랑하면서.

❷ **Loving you is easy because you are beautiful.**

널 사랑하기는 쉬워. 아름다우니까.

둘 다 노래 가사인데, 여기서 loving도 두 가지 뜻을 갖게 된다. ①에서는 '사랑하고 있는'이고 ②에서는 '사랑하기'이다. 전자는 현재분사, 후자는 동명사이다.

DAY 12

I feel relaxed

유용하고 흥미로운 분사 표현들

포토샵이 너무 심했어

have gone too far

Photoshop has gone too far.

포토샵이 너무 멀리 갔어. / 심했어.

---

go(go-went-gone)를 활용한 비유적 표현이다. have gone은 현재완료(have pp) 시제이다. have gone too far는 "너무 갔다" 즉 "너무

심했다"는 의미로, 일상 대화에서도 많이 쓰인다.

You have gone too far. 너는 너무 지나쳤다.

His joke has gone too far. 그의 농담이 너무 심했다.

그런데 반드시 현재완료를 써야 하는 것은 아니다. 과거형 went를 써도 비슷한 의미이다.

You went too far. 너는 너무 심했다.

Your joke went too far. 너의 농담은 너무 심했다.

너는 정말 더럽다

You really are disgusting

Stop it! You really are disgusting.

그만해. 너 정말 더럽다.

---

disgust는 점잖은 뜻의 동사는 아니지만 현실에서 많이 쓰인다. '더럽다' '아주 싫다' '화나게 한다' 등 부정적 감정을 표현한다.

disgusting 역겹게 하는, 화나게 하는 (현재분사)

disgusted 역겹게 된, 화나게 된 (과거분사)

The food was disgusting.

음식은 역했다. / 아주 맛없었다.

I am disgusted with the movie.

나는 그 영화 때문에 역겨워졌다. / 아주 싫다.

be disgusted에서는 수동 뜻이지만 have disgusted에서는 능동의 의미를 갖는다. 과거형 disgusted를 활용한 You disgusted me(너는 나를 역겹게 했어)도 가능하다.

You are a liar. I am disgusted with you.

너는 거짓말쟁이야. 나는 너 때문에 역겨워.

You are a liar. You have disgusted me.

너는 거짓말쟁이야. 너는 나를 역겹게 했어.

열받게 만드네

pissing

---

piss 오줌 누다

pissed 열받은

pissing 열받게 만드는

---

piss(오줌 누다)는 저속한 표현이다. 그런데 그 단어를 모르면 영어 신문이나 영화를 제대로 이해할 수 없다.

I am pissed. 나는 열받았다.

I'm pissed. She just wants to be friends.

나는 아주 열받아요. 그녀는 그냥 친구하기를 원해요.

(미국 언론 〈Chicago Tribune〉)

Are you still pissed at me?

너 나에게 아직 열받아 있냐?

"아주 화나게 만들다"는 piss off이다.

You are pissing me off. 너는 나를 열받게 만들고 있다.

Mark Zuckerberg is pissing off a lot of people.

마크 저커버그는 많은 사람들을 열받게 만들고 있다.

(미국 언론 〈New York Post〉)

정신 잃을 정도로 예뻐

look stunning

You look stunning.

너는 굉장히 멋있다. / 정신 잃을 정도로 예뻐.

---

stun은 '정신을 잃게 만든다'이다. stun gun은 '전기 충격기'이다. 현재분사 stunning의 기본 뜻은 '정신을 잃게 만드는'이다. 그만큼 매력적이고 멋지다는 과장법 표현이다.

You are stunning in that dress.

너가 그 드레스를 입으니까 아주 멋있다.

stunned(과거분사)도 많이 쓴다.

❶ Everybody was stunned.

모든 사람이 충격에 빠졌다.

❷ His makeup-free face has stunned people.

그의 민낯이 사람들을 충격에 빠뜨렸다.

①의 경우 stunned가 be동사와 결합해 수동적 의미로 쓰였다. ②에서는 have와 결합한다. have stunned는 "충격에 빠뜨렸다"이다. 능동적 의미다. 과거형 stunned를 대신 써도 되는 것은 물론이다.

He stunned people. 그는 사람들을 충격에 빠뜨렸다.

You are stunning. 너는 정말 멋지다.

You are stunned. 너는 충격을 받았다.

You have stunned us. 너는 우리에게 충격을 주었다.

사랑받는 느낌이다

feel loved

❶ I feel loving. ❷ I feel loved.

"사랑받는 느낌이다"는 ②번이다. loved(과거분사)가 사랑받는 수동의 느낌을 낸다.

I feel loved. 나는 사랑받는 느낌이다.

I want to feel loved. 나는 사랑받는 느낌을 원해.

You make me feel loved. 너는 사랑받는 느낌을 갖게 해.

feel+과거분사는 일생 생활에서도 많이 활용된다. 함축적이고 단순해서 한국인도 쓰기 쉬운 표현이다.

I feel relaxed. 편안한 느낌이다.

I feel energized. 에너지 넘치는 느낌이다.

I feel hurt and embarrassed. 나는 상처 받고 당황한 느낌이다.

I feel hated. 미움을 받는 느낌이다.

I feel unwanted by my family. 내 가족이 날 원하지 않는 것 같다.

바람피우는 남자 친구를 잡았다

cheating

My teacher caught me cheating.

선생님이 커닝하는 나를 잡았다.

현재분사의 기본 뜻은 '~하는 중'이다. cheating은 '속이는, 바람피

우는, 커닝하는 중'이다. 위 문장의 경우 문맥상 나는 커닝을 하다가 잡힌 것이다.

I think I caught my boyfriend cheating on me.

내 남자친구가 바람피우는 것을 잡은 것 같아요.

cheat on은 '바람피우다'라는 뜻이 된다. cheating on이라고 했으니까 바람피우고 있는 걸 포착했다는 의미다.

I was cheating.

나는 속이고 있었다. (진행)

I was cheated.

나는 속임을 당했다. / 속았다. (수동)

I have cheated her.

나는 그녀를 속였다. (완료)

"I cheated her.(나는 그녀를 속였다)"도 문제가 없고 자연스러운 문장이다. 여기서 cheated는 과거분사가 아니라 과거형이다.

우리는 끝났어

done

I am done. 나는 다 끝났다.

We can go now. I am done.

우리는 이제 갈 수 있어. 나는 다 끝났어.

어떤 일을 다 했다고 표현할 때 done을 쓴다. done은 '관계가 다 되었다' 즉 '헤어지다'라는 의미로도 쓴다.

I am done with Ann.

나는 앤과 끝났어. / 헤어졌다.

You forgot my birthday. We're done!

너는 내 생일을 잊었어. 우리는 끝이야.

I am done reading this book. 나는 이 책을 다 읽었다.

The pasta is done. 파스타는 다 되었다.

A mother's work is never done.

엄마의 일은 끝나지 않는다.

Are you done? 다 했어?

Are you done with your dinner? 저녁 다 먹었어?

영어 원어민들은
솜사탕처럼 마음이 약하다

4

수동

I was born

영어권에선 왜 골치 아픈 수동 표현을 많이 쓸까?

미국이나 영국 사람들은 아주 이상하게 말한다. 수동 표현을 빈번하게 쓴다. 알다시피 "수동태 = be + 과거분사"이다.

She is thought to be kind.

그녀는 친절하다고 생각되어진다.

She is said to be kind.

그녀는 친절하다고 말해진다.

생각되어진다? 말해진다? 한국인의 감각에서는 어이없는 표현들이다. 그런데 영어에서는 그런 수동 표현이 흔하다. 위 수동 문장에서 동사만 떼어 내면 이렇다.

be + 과거분사 = ~되어진다

be thought = 생각되어진다

be said = 말해진다

영어권 사람들은 복잡한 수동 표현을 왜 자주 쓰는 것일까? 여러 이유가 있겠지만 우리가 주목할 것은 두 가지다. 먼저 우리에 비해 영어 원어민은 사람을 피동적인 존재로 보기 때문이다. 두 번째로는 그들의 마음이 약하기 때문에 수동태를 많이 쓴다. 먼저 첫 번째 이유부터 살펴보자.

예를 들어서 “태어났다”를 생각해보자.

나는 태어났다. = I was born. (나는 태어나졌다)

한국인들은 “태어난다”라고, 능동적으로 걸어 나온 것처럼 말한다. 영어권 사람들은 생각이 다르다. 아기는 태어나진다. 피동적으로 떠밀려 나오는 것이다. 그래서 수동 구조(be born)가 된다.

약혼과 결혼 관련 표현도 마찬가지다.

나는 약혼했다. = I am engaged. (나는 약혼되었다)

한국인은 "약혼했다"고 말한다. 내가 주도적으로 약혼을 했다는 의미다. 영어권 사람들은 "be engaged(약혼되다)"라고 말한다. 우리말은 "나 결혼했어요"지만 영어권에선 "I am married(나 결혼되었어요)"이다. 약혼하고 결혼하는 게 아니라 약혼'되고' 결혼'되는' 것이다. 모두 적극적인 주인공이 아니라 떠밀리는 피동적 존재로 묘사하는 것이다.

내 말 아직 안 끝났어. = I am not finished. (나는 끝내지지 않았어)

한국 사람은 "'나 아직 안 끝났다"라고 하는데 미국인은 "나 아직 끝내지지 않았다"라고 말한다. 한국 사람에게는 내가 끝내는 주인공인데, 영어권 사람은 자신이 끝내진다(be finished).

그 외에도 예는 많다. 한국 사람은 적극적으로 "속는다". 하지만 미국인은 "속임을 당한다(to be fooled)". 또 큰일이 터지면 한국인은 "나는 죽었다"라고 말하지만, 미국인은 "죽임을 당한다(I'm doomed)"고 말한다. 또 우리는 앉지만 영어권은 "앉아진다(be seated)"는 말도 쓴다.

그렇게 한국어에서는 사람이 주도적이지만 영어에서는 사람이 피동적일 때가 많다. 영어의 수동태가 발전한 배경이라고 할 수 있다.

이제 두 번째 이유를 볼 차례이다. 영어 원어민은 우리에 비해 마음이 훨씬 약하기 때문에 수동 표현을 많이 쓴다. 이런 현상은 감정 표현에서 자주 보게 된다.

나는 기뻐. = I am pleased. (나는 기쁘게 되었어)

한국인은 "기쁘다"고 말한다. 영어 be pleased는 "기뻐진다"이다. 한국인은 내가 알아서 기뻐하는데(능동), 미국인은 무엇인가에 의해 기쁘게 된다(수동).

나는 당황했다. = I am embarrassed. (나는 당황을 당했다)

한국 사람은 당황한다. 내가 적극적으로 당황한다. 그런데 영어 쓰는 이들은 당황을 당한다.

나는 실망했다. = I am disappointed. (나는 실망을 당했다)

한국 사람들은 적극적으로 "실망했다"고 말한다. 반면 영어권 사람들은 실망을 당한다.

너 나한테 관심 있어? = Are you interested in me? (나에게 관심 갖게 되었어?)

한국인들은 무엇에 "관심이 있다". 영어 쓰는 이들은 "관심을 갖게 된다". 외부의 무엇 때문에 관심이 생기는 것이다. 따라서 수동(be interested) 형태를 쓴다.

능동적인 한국인	수동적인 미국인
나는 좌절했어.	I am frustrated. 나는 좌절당했어.
나는 무서워.	I am scared. 나는 무서워졌어.
나는 신나.	I am excited. 나는 신나졌어.
나는 감동했어.	I am moved. 나 감동받았어.
나는 놀랐어.	I am surprised. 나는 놀라게 만들어졌어.
나는 우울해.	I am depressed. 나는 우울하게 되었어.

한국인은 내가 내 마음의 주인인 듯이 말한다. 내가 우울하고, 내가 만족하고, 내가 신난다. 반면 영어권 사람들은 누군가에 의해 우울해지고 신나진다고 말한다. 외부의 영향에 좌우되는 영어 원어민의 마음은 약하고 피동적이다. 그러니 수동 표현이 당연하다.

좀 복잡하더라도 수동태 공부를 포기하지 말자. 영어권 사람들이 많이 쓰기 때문에, 우리도 익숙해져야 한다.

Tom is helped by Ann

수동태를 만드는 가장 쉬운 공식

수동태 공식은 기본 네 가지라고 생각하면 된다.

❶ 기본형 수동태 = be pp

❷ 진행형 수동태 = be being pp

❸ 완료형 수동태 = have been pp

❹ 조동사 수동태 = 조동사 be pp

❶ **Ann helps Tom.** ··· **Tom is helped by Ann.**

앤이 톰을 돕는다. (능동) 톰은 앤의 도움을 받는다. (기본형 수동)

❷ **Ann is helping Tom.** ··· **Tom is being helped by Ann.**

앤이 톰을 돕고 있다. (능동) 톰은 앤의 도움을 받고 있다. (진행형 수동)

❸ **Ann has helped Tom.** ··· **Tom has been helped by Ann.**

앤은 톰을 도왔다. (능동) 톰은 앤의 도움을 받았다. (완료형 수동)

❹ **Ann will help Tom.** ··· **Tom will be helped by Ann.**

앤은 톰을 도울 것이다. (능동) 톰은 앤의 도움을 받을 것이다. (조동사 수동)

무규칙한 것 같지만, 잘 보이지 않을 뿐 규칙이 분명히 있다. ① 기본형 수동은 쉽다. be pp로 바꾸면 되니까 비교적 수월하다. ② 진행형 수동 ③ 완료형 수동 ④ 조동사 수동이 까다로운데, 아래 세 가지 규칙을 기억하면 훨씬 편해진다.

동사ing는 being pp로, pp는 been pp로, 동사 원형은 be pp로 바꾸면 된다. 동사ing는 비슷한 being으로, pp도 비슷한 모양인 been으로, 동사 원형도 닮은 be로 바꾼 후 pp를 덧붙이면 되는 것이다.

수동태 만드는 공식

be동사ing ···› be being pp	have pp ···› have been pp	will 동사 원형 ···› will be pp
helping ···› being helped opening ···› being opened eating ···› being eaten	helped ···› been helped opened ···› been opened eaten ···› been eaten	help ···› be helped open ···› be opened eat ···› be eaten

❶ I am helping Tom. ···› Tom is (　　　) by me.

❷ I was helping Tom. ···› Tom was (　　　) by me.

helping은 being helped로 바뀐다. helping에 ing가 있으니까 being이 온다고 생각하면 된다. 위 ①과 ②의 괄호에 들어갈 말은 똑같다. being helped를 쓰면 된다.

❶ I have helped Tom. ···› Tom has (　　　) by me.

❷ I had helped Tom. ···› Tom had (　　　) by me.

helped는 pp(과거분사)다. been helped로 바꾸면 된다. 위 ①과 ②의 괄호에 똑같이 been helped라고 쓰면 된다.

❶ I will help Tom. ···› Tom will (   ) by me.

❷ I should help Tom. ···› Tom should (   ) by me.

조동사 뒤에 온 help는 동사 원형이다. 동사 원형은 be pp로 해체하면 된다. help는 be helped가 된다. ①과 ②의 괄호 안에 be helped를 써넣으면 된다.

몇 번만 반복하면 이해할 수 있다. 문제를 더 풀어보자.

❶ I am opening the door. ···› The door is (   ) by me.

❷ I was opening the door. ···› The door was (   ) by me.

능동 문장의 opening은 being opened로 분해한다. 두 개의 괄호 안에 being opened를 쓰면 된다.

❶ I have opened the door. ···› The door has (   ) by me.

❷ I had opened the door. ···› The door had (   ) by me.

능동 문장의 opened는 pp(과거분사)이다. 두 개의 괄호에 똑같이 been opened라고 쓰면 된다.

❶ I will open the door. ⋯→ The door will (   ) by me.

❷ I should open the door. ⋯→ The door should (   ) by me.

능동 문장의 open은 동사 원형이다. 두 개의 괄호 안에 be opened 라고 쓰면 된다.

이제 상어에게 먹히는 사람의 말을 수동형으로 바꿔보자.

Help! A shark is eating me. ⋯→ Help! I am (   ) by a shark.

"도와주세요. 상어가 나를 먹고 있어요"를 "도와주세요. 내가 상어에게 먹히고 있어요"로 바꾸려고 한다. 능동 문장의 eating을 분해하기만 하면 된다. being pp 즉 being eaten을 괄호에 써 넣으면 되는 것이다 .

저승에 간 물고기가 하는 말을 수동형으로 바꿔보자.

A shark has eaten me. ⋯→ I have (   ) by a shark.

"상어가 나를 먹었어요"를 "내가 상어에게 먹혔어요"로 바꿔야 한다. eaten은 pp다. been pp로 바꾸면 문제가 해결된다. 괄호 안에 been eaten이라고 쓰면 된다.

When is breakfast served?

한국인에게 까다로운 수동 표현들

도움을 받고 있나요?

being helped

Are you being helped? 당신은 도움을 받고 있나요? / 다른 직원이 당신을 돕고 있나요?

가게에 가서 구경하고 있으면 점원이 저렇게 묻는다. 흔한 표현이다. 답은 두 가지가 가능하다.

❶ **Yes, I am (being helped).** 예.

❷ **No, I'm not (being helped).** 아니요.

A: May I help you?

도와드릴까요?

B: No, thanks. I am being helped.

감사합니다만 아뇨. 도움받고 있어요.

be + being + 과거분사 = 지금 ~ 받고(당하고) 있다

I am being eaten alive by mosquitos.

나는 산채로 모기에게 뜯기고 있어요.

I am being treated unfairly.

나는 불공정하게 대우받고 있어요.

I am being asked to vote.

나는 투표하라고 요청받고 있어요.

I am being watched.

나는 감시당하고 있어요.

속지 마라

be fooled

---

❶ **You are fooling yourself.** 너는 너 자신을 속이고 있다.

❷ **You are fooled.** 너는 속았다.

---

fool은 "속이다"이고 be fooled는 "속다"가 된다.

I am easily fooled. 나는 쉽게 속는다.

We should not be fooled. 우리는 속지 말아야 한다.

We are not going to be fooled this time.

우리는 이번에는 속지 않을 것이다.

명령문과 의문문도 많이 쓴다.

Don't be fooled by looks. 겉모습에 속지 마라.

Don't get fooled by his smile. 그의 미소에 속지 마라.

Are you being fooled? 당신은 속고 있나요?

Are you being fooled by fake news?

당신은 속고 있나요, 가짜 뉴스에?

흥분되지 마

get excited

Don't get excited. (원뜻 해석) 흥분되지 마.

---

excite는 "흥분시키다"이다. 기대감을 갖고 흥분하도록 만든다는 뜻이다. be excited는 "흥분되다"이다. get excited를 대신 쓸 수도 있다.

한국 사람은 "흥분하지 마"라고 말하는데, 영어권에서는 "흥분되지 마"라고 한다.

A: I won the lottery. 복권에 당첨되었어.

B: Don't get excited. 흥분하지 마.

A: Don't tell me not to get excited. 흥분하지 말라고 말하지 마.

I don't get excited about anything. I am always bored. What is the problem?

나는 아무것에도 흥분하지 않아요. 나는 항상 지루해요. 무엇이 문제일까요?

(quora.com)

Get excited for our concert.

우리 콘서트에 흥분되세요. / 기대해주세요.

나에게 왜 알려주지 않았지?

why wasn't I

Why wasn't I told? 왜 나에게 알려주지 않았나?

한국인에게는 까다로운 수동 문장이다. 그래도 차분히 단계를 밟으면 이해된다. (tell - told - told)

I was told. 나는 말해졌다. / 들었다.

I wasn't told. 나는 말해지지 않았다. / 듣지 못했다.

Why wasn't I told? 왜 나에게 알려주지 않았지?

told 대신 다른 동사를 쓸 수도 있다. chosen은 choose의 과거분사다.

Why wasn't I loved? 나는 왜 사랑받지 못했나?

Why wasn't I chosen? 나는 왜 선택받지 않았나?

Why wasn't I invited? 나는 왜 초대받지 못했지?

Why wasn't I invited to your wedding?

너의 결혼식에 내가 왜 초대받지 못했지?

아침은 언제 나오나요?

be served

❶ **When is breakfast serving?**

❷ **When is breakfast served?**

"아침은 언제 나오나요?"이다. ②가 맞다. 한국 사람은 아침 식사가 "나온다"고 말한다. 밥이 걸어 나오는 것처럼 생각하는 것이다. 하지만 영어권에서는 "아침밥은 나오게 되는" 것이다. 즉 "서빙되는" 것이니까 be served를 써야 맞다.

What time is breakfast?

아침 식사 시간은 몇 시인가요?

What time is breakfast served?

아침 식사는 몇 시에 서빙되나요?

When is breakfast served?

언제 아침 식사가 나오나요?

Where is breakfast served?

아침은 어디서 서빙되나요?

복수심을 느끼고 있다면 아래 경구가 도움이 될 것이다.

Revenge is a dish best served cold.

복수는 차갑게 서빙될 때 최고인 요리다.

음식을 식은 후에 내놓듯이 복수도 천천히 해야 달콤하다는 뜻을 담고 있다. 영화와 소설과 영자 신문에 자주 나오는 말이다.

I was served a coffee. 나에게 커피가 나왔다.

I was served the wrong meal. 내 음식이 잘못 나왔어요.

 사귀는 사람 있나요?

be taken

Is this seat taken? 이 자리 주인 있나요?

흔한 표현이다. take의 과거분사 taken이 사용되었다. 간단히 Is this taken?이라고 해도 된다.

This seat is taken.

= 이 자리는(this seat)+ 소유되었다(is taken)

= 이 자리는 주인이 있다.

사람을 대상으로 이 표현을 쓰기도 한다. 유머스러운 느낌이다.

Are you taken? 사귀는 사람 있나요?

I can't ask Tom out. He's taken.

톰에게 데이트 신청할 수 없어. 그는 사귀는 사람이 있어.

이번에는 영어권 인터넷에서 인기가 높은 명언이다.

Be yourself; everyone else is already taken.

너 자신이 되어라. 다른 모든 사람은 이미 누군가 차지하고 있으니까.

take는 "가져가다"라는 뜻도 있다. 이 경우 과거분사 taken은 "이송된", "납치된"으로 해석하면 된다.

A man was taken to hospital.

한 남자가 병원으로 이송되었다.

Neeson plays a former CIA agent whose daughter is taken.

니슨은 딸이 납치된 전직 CIA 요원 역할을 한다.

(영국 신문 가디언의 영화 <테이큰> 소개 글)

축복받았어요

be blessed

---

❶ **You are blessed.** 당신은 축복받았다.

❷ **You are genetically blessed.** 당신은 유전적으로 축복받았다.

---

bless는 "축복하다"이고 be blessed는 "축복받다"가 된다.

I don't diet. I'm just genetically blessed.

나는 다이어트하지 않아요. 나는 그냥 유전적으로 축복받았거든요.

(해외 한 여배우의 말)

be blessed는 축복받은 느낌을 따뜻하게 표현한다.

I'm blessed to have you in my life.

내 인생에 당신이 있어서 나는 축복받았어요.

I feel blessed to be your husband.

당신의 남편이어서 축복받은 기분이에요.

A: How have you been?

어떻게 지냈어요?

B: I have been blessed.

지금까지 축복받았어요. / 아주 잘 지냈어요.

그게 사랑이라는 거야

it is called

A: My heart beats faster when I see her.

그녀를 보면 내 가슴이 빨리 뛰어요.

B: It is called love. 그게 사랑이라는 겁니다.

---

call(부르다)은 능동이고 be called(불리다)는 수동이다.

What's your dog called?

너의 강아지 이름이 뭐지?

This painting is called Mona Lisa.

이 그림은 모나리자입니다.

A: I read a disappointing book.

실망스러운 책을 읽었어.

B: What is it called?

그것은 무엇이라 불려? / 제목이 뭐야?

A: What's the new movie called?

그 새 영화 제목이 뭐야?

B: It hasn't been named yet.

아직 이름 붙여지지 않았어.

DAY 16

I am stuffed

자주 쓰는 수동 표현들

먼저 일어나도 될까요?

may I be excused

---

❶ **Excuse me.** 실례합니다.

❷ **May I be excused?** 일어나도 될까요?

---

①excuse는 "용서하다" "이해하다"이다. ②수동 be excused는 "용서받다"이다.

May I be excused?

= (직역) 내가 용서받을 수 있을까요?

= 실례해도 될까요? / 일어나도 될까요?

어린이가 식탁에서 일어나고 싶을 때 부모님께 묻는 질문이다. 또 수업 중에 화장실을 가고 싶을 때 선생님께 허락을 구하는 정중한 질문이다.

A: May I be excused? 일어나도 될까요?

B: Yes, you may. 응, 그래도 좋아.

 기회가 주어지기를 희망해요

hope to be given

---

❶ **I hope to give a chance.**

내가 기회를 주기를 희망한다.

❷ **I hope to be given a chance.**

내가 기회를 받기를 희망한다.

---

①give(주다)는 능동이고 ②be given(받다)은 수동이다.

We hope to be heard.

우리는 들리기를 희망한다. / 누가 들어주기를 바란다.

Paul hopes to be awarded an Olympic gold medal.

폴은 올림픽 금메달을 받기를 희망한다.

hear(듣다)의 수동은 be heard(들리다)이고, award(상을 주다)의 수동은 be awarded(상을 받다)이다.

I hope to be found. 나는 찾아지기를 희망한다.

I hope to be taken seriously.

나는 심각하게 다루어지길 원한다.

I hope to be seen as a human being.

나는 사람으로 보이기를 원한다.

칭찬받아 기분 좋아요

be flattered

A: **You look beautiful.** 너 아름다워 보인다.

B: **Thanks. I am flattered.** 고마워. 칭찬받아서 기분 좋아.

---

flatter는 "칭찬해서 기분 좋게 하다"이고 be flattered는 "칭찬받아서 기쁘다"이다. "과찬이세요" "비행기 태우시네요" 등으로 의역하기도 한다.

I am flattered by your praise.

당신의 칭찬에 나는 기분이 좋아요.

We are flattered to be invited.

초대되어 우리는 기분이 좋아요.

그녀를 말려야 해

must be stopped

A: Ann is singing again.

앤이 또 노래 부르고 있어.

B: She must be stopped. She is the worst singer.

꼭 말려야 해. 최악의 가수니까.

---

stop은 "멈추게 하다"이고 be stopped는 "멈춤을 당하다"이다.

she must be stopped. 그녀는 멈춰져야 한다. / 그녀를 말려야 해.

must be pp(꼭 ~되어야 한다)는 많이 쓰이는 표현이다.

Poverty must be tackled.

가난은 막아야 한다.

Children must be heard.

아이들의 말을 들어야 한다.

You must be respected.

너는 존중받아야 한다.

너 학교에 있어야 되잖아?

be supposed

---

❶ **I suppose I should go.** 나는 가야 해. (내 생각이야)

❷ **I am supposed to go.** 나는 가야 해. (규칙 때문이야)

위 두 문장은 상당한 뜻 차이가 있다. ①은 내가 원해서 가는 것이고 ②는 타의에 의한 것이다.

②의 be supposed to는 한국인의 뇌를 고문하는 표현이지만 아주 많이 쓰이니 익혀야 한다.

❶ I suppose I should go.

= 나는 맞다고 생각해(I suppose) + 나는 가야 한다(I should go)

= 나는 가야 한다고 생각해.

❷ I am supposed to go.

= 내가 가는 게 맞다고 생각된다.

= 나는 가야 해. (다른 사람의 생각 또는 규칙 때문에)

②는 가령 부모님의 요구 때문에 이제 간다는 뜻이 된다. 내 생각이 아니다. 수동적이다. 반면 ①에서 가야 한다는 건 내 생각이다. 능동적이다.

be supposed to는 첫 번째로 의무 개념으로 많이 쓰인다. "~해야 한다"는 뜻에 가깝다.

You are supposed to be in school.

= (원뜻) 너는 학교에 있는 게 맞다고 생각된다.

= (자연스러운 해석) 너는 지금 학교에 있어야 한다.

You are supposed to listen to me. 너는 내 말을 들어야 한다.

You are not supposed to smoke here. 여기서 흡연하면 안 됩니다.

be supposed to는 두 번째로 "남들이 ~라고 한다"라는 뜻도 된다.

She is supposed to be rich.

그녀는 부자래요. (사람들이 그렇게 생각한다)

The book is supposed to be good.

그 책은 좋대요. (사람들이 그렇게 생각한다)

It is supposed to snow on Christmas Eve.

= 그렇게 생각된다(It is supposed) + 크리스마스 이브에 눈이 온다고

= 크리스마스 이브에 눈이 온다고 한다.

I am stuffed

---

❶ I am full.

❷ I am stuffed.

둘 다 같은 말이다. 편안한 일상 대화에서 쓰는 표현으로 "배가 부르다"는 의미다.

A: Do you want more? 더 원해요?

B: No, thanks. I'm stuffed. 고맙지만 아닙니다. 나는 배가 불러요.

stuff는 "속을 채우다"이다. stuffed animal이 "속이 채워진 동물" 즉 박제된 동물을 말한다. 또 stuffed doll은 안에 솜이 채워진 봉제 인형을 뜻한다.

I am stuffed는 위장이 봉제 인형처럼 가득 찼다는 의미가 되는 것이다. have had를 써도 같은 의미가 된다.

I feel stuffed. 배 부르게 느껴져요. / 배불러요.

I have had enough. 나는 이미 충분히 먹었어요. / 배불러요.

재미없거든

be not amused

I am not amused. 나 재미없어.

---

amuse는 '재미있게 하다'이다.

I amuse myself for hours. 나는 몇 시간씩 혼자 논다.

be amused는 수동이다. "재미를 느끼게 되다"라는 뜻이다. 그리고 be not amused는 "재미없게 느끼게 되다"이다.

I am not amused는 표면적으로는 "재미없다"이지만 "기분 나쁘다" 또는 "짜증 난다"라는 뜻으로도 쓰인다.

I am not amused. Would you shut up?

나 재미없거든. 입 닫아줄래?

A: Mom, I am suspended from school.

엄마, 나 정학당했어요.

B: If it is a joke, I am not amused.

그게 농담이면 난 재미없다.

우리는 왜 이렇게
어렵게 배울까?

5

to부정사와 동명사

DAY 17

I am glad to meet you

너무 복잡한 to부정사, 간편 해석법

우리는 to부정사를 왜 그렇게 어렵게 배울까? 안타까운 일이다.

'to부정사 = to + 동사 원형'이다. to go, to be, to meet이 to부정사다. 한국 영어에서는 to부정사에 세 가지 용법이 있다고 설명한다. 명사 용법, 형용사 용법, 부사 용법이 그것이다. 또 각 용법에는 또 세부 용법이 있다. 그걸 다짜고짜 외우려 들면 머리가 아픈 것은 둘째 문제고, 영어에 대한 흥미를 잃게 된다. 우리들 대부분이 그랬다. 역시 안타까운 현실이다.

우리와 달리 영어권 사람들은 to부정사를 직관적으로 이해한다. 우리라고 못할 것은 없다. 간단한 원리만 이해하면 to부정사를 쉽게 해석할 수 있다.

to의 원래 뜻만 알면 된다. to는 '~ 쪽으로' 혹은 '~를 향해서'이다.

to school = 학교 쪽으로 / 학교를 향해서

to meet = 만나다 쪽으로 / 만나다 향해서

to meet을 직관적으로 '만나다 쪽으로' '만나다 향해서'라고 이해하면, to부정사를 쉽게 해석할 수 있다. 예를 들어보겠다.

I want to meet you.

= 나는 원한다(I want) + 만나다 쪽으로(to meet) + 너를(you)

= 나는 원한다, 너를 만나는 쪽으로

= 당신을 만나길 원해요.

I am glad to meet you.

= 나는 기뻐한다(I am glad) + 만나다 쪽으로(to meet) + 너를(you)

= 나는 기뻐한다, 너를 만나다 쪽으로

= 당신을 만나서 기뻐요.

We made an appointment to meet.

= 우리는 약속했다(we made an appointment) + 만나다 쪽으로(to meet)

= 우리는 만나는 쪽으로 약속했다.

= 우리는 만나기로 약속했다.

to meet 말고 다른 to부정사도 똑같다. '동사 쪽으로'라고 해석하면 된다.

to 동사 = 동사 쪽으로

to hear = 듣다 쪽으로

to love = 사랑하다 쪽으로

to become = 되다 쪽으로

문법은 잊어도 좋다. 위와 같이 해석한 후에, 자연스러운 한국어로 바꾸기만 하면 된다.

I am happy to hear that.

= 나는 행복해한다 + 그것을 듣다 쪽으로(to hear that)

= 그것을 들어서 나는 행복하다.

To be frank, I don't like him.

= 솔직하다 쪽으로(to be frank) + 나는 그를 좋아하지 않는다.

= 솔직히 말하면 나는 그를 좋아하지 않는다.

To see her is to love her.

= 그녀를 보다 쪽으로(to see her) + 이다 + 그녀를 사랑하다 쪽으로(to love her)

= 그녀를 보면 그녀를 사랑하게 된다.

She seems to enjoy writing.

= 그녀는 ~인 것 같다 + 즐기다 쪽으로(to enjoy) + 글쓰기

= 그녀는 글쓰기를 즐기는 것 같다.

I hope to see you soon.

= 나는 바랍니다 + 당신을 곧 보는 쪽으로(to see you soon)

= 나는 당신을 곧 보기를 바랍니다.

I have enough money to spend.

= 나는 충분한 돈을 갖고 있다 + 쓰다 쪽으로(to spend)

= 나는 쓸 돈이 충분하다.

She grew up to become a scientist.

= 그녀는 성장했다 + 되다 쪽으로(to become) + 과학자

= 그녀는 자라서 과학자가 되었다.

You are too young to love.

= 너는 너무 어리다 + 사랑하다 쪽으로(to love)

= 너는 사랑하기에 너무 어리다.

I ran to be free.

= 나는 달렸다 + 자유롭다 쪽으로(to be free)

= 나는 자유로워지기 위해 달렸다.

문법을 따지면 to부정사의 해석이 더 어려워진다. 쉽게 해석하려면 위의 설명처럼 'to 동사 = 동사 쪽으로'라고 생각하면 된다.

끝으로 참고 사항이다. 위에서 나는 'to 동사 = 동사 쪽으로'라고 이해하면 된다고 설명했다. 내가 지어낸 이야기가 아니다. 이론적 근거가 있다.

많은 이론가들이 지적하는 것이지만 캐나다의 한 언어학자의 주장이 간명하다. 그는 to부정사의 to는 "전치사의 용법과 기본적으로 같은 뜻이다"라고 설명한다.[1] 그러니까 아래 두 문장에서 to는 같은 뜻이라는 말이다.

She is going to the bank.

그녀는 은행 쪽으로 갈 것이다.

She is going to wake up.

그녀는 깨어나다 쪽으로 갈 것이다. / 깨어날 것이다.

to the bank는 "은행 쪽으로"이고 to wake up는 "깨다 쪽으로"라고 생각하면 된다. 어렵거나 복잡할 이유가 없다. to의 원뜻(~쪽으로)만 알아도 to부정사는 쉽다.

I enjoy watching TV vs. I want to watch TV

TV 보는 걸 즐겨요 vs. TV 보고 싶어요

다음 중에서 틀린 것은 어느 것일까?

❶ I enjoy to watch TV. ❷ I enjoy watching TV.

"나는 TV 보기를 즐긴다"라고 하려면 ②가 맞다. enjoy 다음에는 watching(동명사)을 써야 한다. 아래에서 맞는 것은 어느 것일까?

❶ I want to watch TV. ❷ I want watching TV.

"나는 TV 시청을 원한다"라고 하려면 ①이 맞다. want 다음에는 to watch(to부정사)를 쓴다.

어떤 동사들은 enjoy처럼 동명사와 어울리고, 어떤 동사들은 watch처럼 to부정사하고만 어울린다. 그 두 가지 동사를 구별하는 방법이 없을까.

세 가지 기준이 있다. 무작정 외우지 말아야 한다. 아래 설명을 두세 번 읽은 후에 동사들을 암기하면 훨씬 쉽다.

감정적으로 싫고 좋으면 ···› 동명사   이성적으로 판단하면 ···› to부정사

과거 의미면 ···› 동명사   미래 의미면 ···› to부정사

나 혼자면 ···› 동명사   남과 함께면 ···› to부정사

동명사만 취하는 동사	to부정사만 취하는 동사
감정적으로 싫고 좋은 동사 enjoy, recommend, suggest, mind, avoid	이성적으로 판단하는 동사 suppose, believe, appear, seem
과거 의미 동사 recall, confess, finish, quit	미래 의미 동사 plan, decide, expect, wait, want, hope
나 혼자 동사 consider, endure, keep, practice	남과 함께 동사 agree, promise, warn, allow, order

위 내용을 간략히 정리하면 이렇게 된다.

감정적이고, 과거이며, 나 혼자면 ⋯→ 동명사

이성적이고, 미래이며, 남과 함께면 ⋯→ to부정사

이제 문제를 풀면서 익혀보자. 다음 중 맞는 표현은 어느 것일까.

❶ I enjoy to read.

❷ I enjoy reading.

"나는 읽기를 즐겨요"라고 하려면 ②가 맞다. 좋아하는 감정을 표현하는 enjoy는 동명사와 어울린다.

❶ Do you mind to wait for a while?

❷ Do you mind waiting for a while?

"잠깐 기다려 줄 수 있어요?"라고 해석해도 된다. 그런데 정확하게는 "잠깐 기다리는 것이 싫은가요?"이다. mind는 "꺼리다" 혹은 "싫다"는 뜻이다. 감정적인 동사니까 동명사와 어울린다. ②가 맞다.

❶ I recommend to visit Seoul.

❷ I recommend visiting Seoul.

"서울을 방문하라고 추천합니다"라면 ②가 맞다. 그런데 ①이라고 답할 사람이 많을 것이다. 틀리지 않게 주의해야 한다. recommend는 미래보다는 감정 의미가 더 강하다. "이것이 좋은 것이어서 추천한다"는 뜻이니까 동명사가 어울린다고 생각하면 된다.

❶ He suggested to take a taxi.

❷ He suggested taking a taxi.

역시 혼동하기 쉬운 문제다. "그는 택시를 타자고 제안했다"이다. ①이 맞다고 할 사람들이 많다. suggest도 미래 냄새가 나니까 to부정사를 쓰고 싶은 것이다. 그러나 ②처럼 동명사를 써야 맞다. suggest에도 감정이 실려 있다. 어떤 것을 제안한다는 건 그것을 좋아한다는 뜻이다. 좋고 싫음을 표현하는 동사는 동명사가 어울린다.

❶ I seem to be lost.

❷ I seem being lost.

"나는 길을 잃은 것 같아요"이다. seem은 "이성적으로 생각해보니 ~인 것 같다"는 뜻이다. 감정이 아니라 이성적이면 ①처럼 to부정사를 써야 한다.

❶ I finished to work.

❷ I finished working.

"나는 일을 끝냈다"이다. finish는 과거 의미 동사이므로 동명사(working)가 어울린다. ②가 정답이다.

❶ I am considering to buy a new car.

❷ I am considering buying a new car.

혼동하기 쉬운 문제다. 문장의 뜻은 "나는 새 차 구입을 고려하고 있다"이다. 여기서 consider은 "끙끙거리며 깊이 고민하다"는 뜻이다. 혼자 골똘히 생각하는 것이다. '혼자 동사'이니까 동명사가 어울린다. ②가 정답이다.

❶ I planned to go to the movies.

❷ I planned going to the movies.

"나는 영화 보러 가려고 계획했다"라는 뜻이다. plan(계획하다)은 미래 뜻을 품고 있으니까 ①이 정답이다.

❶ **Tom keeps texting her.**

❷ **Tom keeps to text her.**

"톰은 그녀에게 계속 문자를 보낸다"라고 하려면 ①이 원칙이다. to 부정사를 쓸 때도 더러 있지만 keep 다음에는 주로 동명사가 온다. keep은 "같은 일을 계속 반복한다"는 뜻이다. 혼자 어떤 일에 몰두하는 느낌이니까 동명사와 어울린다.

아래는 S고 1학년 시험에 나온 문장들이다.

❶ **I decided staying at a luxurious hotel.**

❷ **She is considering helping her husband.**

①은 틀렸다. decide는 미래 뜻이니까 to stay를 써야 한다. ② consider 다음에는 동명사 helping을 쓰는 게 맞다. ②가 맞는 문장이다.

Nice to have met you

"만나서 반가웠어요" 단순 부정사와 완료 부정사

❶ **Nice to meet you.** 만나서 반갑습니다.

❷ **Nice to have met you.** 만나서 반가웠습니다.

①과 ②는 뜻이 다르다. ①은 주로 만나서 나누는 인사로, 지금 만나서 반갑다는 뜻이다. ②는 이별의 인사말로 쓰이는 게 보통이다. "만나서 반가웠습니다" 정도의 뜻이다. (물론 "It was nice to meet you" "It was nice meeting you"도 "만나서 반가웠습니다"가 된다.)

①의 to meet은 단순 부정사이고 ②의 to have met은 완료 부정사

이다. met은 meet의 과거분사 pp이다.

단순 부정사 = to + 동사 원형

완료 부정사 = to + have pp

완료 부정사는 '완료'되었다는 뜻이다. 즉 '끝났다'는 것이다. 끝났으니까 과거의 일이다. to have met은 이전에 만났음을 나타낸다.

좀 복잡해 보이지만 두려워할 것 없다. meet을 기억하듯이 have met을 외우면 된다. have met이라고 열 번만 외쳐보자. 아래에서 또 몇 번 반복이 될 것이다.

❶ **Sorry to keep you waiting**

기다리게 해서 미안합니다.

❷ **Sorry to have kept you waiting.**

기다리게 했던 거 미안합니다.

①에는 단순 부정사가 사용되었고 ②에는 완료 부정사가 활용되었다. 완료 부정사는 이미 끝난 일, 즉 이전의 일을 표현한다. to have kept you waiting은 "당신을 기다리게 만들었던 것"을 의미한다.

I'm sorry to have kept you waiting so long. You may come

in now.

오래 기다리게 해서 미안합니다. 이제 들어오셔도 됩니다.

I am sorry to have worried you.

당신을 걱정시켜서 미안합니다.

I am sorry to have said that.

그것을 말해서 미안합니다.

I am sorry to have loved you.

당신을 사랑했던 거 미안합니다.

worried는 worry의 과거분사, said는 say의 과거분사, loved는 love의 과거분사이다.

He seems to be rich. 그는 부자인 것 같다.

He seems to have been rich. 그는 부자였던 것 같다.

to be는 단순 부정사이고, to have been은 완료 부정사이다. to have been rich는 과거에 부자였다는 걸 의미한다.

I seem to have seen you. 나는 당신을 본 것 같다.

I seem to have loved you.

나는 당신을 사랑했던 거 같아요.

I seem to have heard your name.

나는 당신 이름을 들은 것 같다.

외국인이 한국어를 배울 때 "말하다"뿐 아니라 "말했다"도 알아야 한다. 마찬가지로 영어를 말하려면 say뿐 아니라 have said도 알아야 한다. have seen, have done도 입에 익을 때까지 읽어보자.

동명사도 과거를 나타낼 수 있다.

❶ I admit knowing him.

내가 그를 안다는 걸 인정한다.

❷ I admit having known him.

내가 그를 알았다는 걸 인정한다.

①은 현재 안다는 뜻일 확률이 높고 ②는 과거에 알았다는 의미다. knowing을 having known로 바꿔서 과거 뜻을 명확히 했다. 과거를 나타내는 동명사를 완료 동명사라고 한다.

단순 동명사 = 동사ing (knowing)

완료 동명사 = having pp (having known)

I remember having met him.

나는 그를 만났던 걸 기억한다.

She denied having stolen the money.

그녀는 돈을 훔쳤다는 걸 부인했다.

Thank you for having said it.

그것을 말해줘서 고마워요.

I feel better for having done it.

그것을 했더니 기분이 좋아졌어요.

DAY 20

I enjoy being photographed

"사진 찍히는 걸 좋아해요" 능동 동명사와 수동 동명사

❶ I enjoy photographing.

나는 사진 찍는 것을 즐긴다.

❷ I enjoy being photographed.

나는 내가 사진 찍히는 것을 즐긴다.

①은 내가 촬영하는 걸 즐긴다는 뜻이다. 동물 사진을 즐겨 촬영한다면 "I enjoy photographing animals."라고 하면 된다. ②는 카메라 앞에서 사진 찍히는 걸 좋아한다는 의미다. 사진 찍히는 게 싫다면 "I don't like being photographed."라고 말하면 된다. ①과 ②는 각각 능동과 수동이다. photographing은 능동이고 being photographed가 수동 뜻이다.

아래 6가지 수동 동명사를 외우면, 영어 실력이 급상승하는 계기를 맞게 된다. 영어권 사람들은 수동 표현을 많이 쓴다.

능동 동명사 = 동사ing	수동 동명사 = being pp
photographing (사진 찍기)	being photographed (사진 찍히기)
asking (묻기)	being asked (질문받기)
telling (말하기)	being told (말 듣기)
holding (안기)	being held (안기기)
touching (만지기)	being touched (만져지기)

I'm tired of asking.

나는 질문하는 게 지겹다.

I'm tired of being asked.

나는 질문받는 게 지겹다.

I'm tired of being asked about marriage.

나는 결혼에 대해 질문받는 게 지겹다.

I enjoy telling. 나는 말하기를 즐긴다.

I enjoy being told.

나는 말 듣기를 즐긴다.

I don't like being told what to do.

뭘 하라고 시키는 말을 듣는 게 싫다.

I don't like holding a cat.

나는 고양이를 안는 걸 좋아하지 않는다.

Cats don't like being held.

고양이는 안기는 걸 좋아하지 않는다.

I hate touching octopuses.

나는 문어를 만지는 걸 싫어한다.

I hate being touched.

나는 만져지는 걸 싫어한다.

부정사에도 수동형이 있다.

❶ **I want to love.** 나는 사랑하고 싶다.

❷ **I want to be loved.** 나는 사랑받고 싶다.

①의 to love는 능동이고 ②to be loved는 수동 의미다.

능동 부정사 = to 동사	수동 부정사 = to be pp
to love (사랑하기)	to be loved (사랑받기)
to ask (묻기)	to be asked (질문받기)
to tell (말하기)	to be told (말 듣기)
to eat (먹기)	to be eaten (먹히기)

I like to ask. 나는 질문하기를 좋아한다.

I like to be asked. 나는 질문받기를 좋아한다.

I like to ask myself questions. 나는 나에게 질문하는 걸 좋아한다.

I like to be asked questions. 나는 질문받는 걸 좋아한다.

I need to tell. 나는 말해야 한다.

I need to be told. 나는 들어야 한다.

I need to be told the truth.

나는 진실을 들어야 한다.

The chicken is ready to eat.

닭은 먹을 준비가 되었다.

The chicken is ready to be eaten.

닭은 먹힐 준비가 되었다.

I don't feel like answering

두 가지를 자유자재로, 부정사·동명사 표현들

네 여자친구인 게 정말 싫어.

hate being

A: Can you lend me some money? 돈 좀 빌려줄래?

B: I really hate being your girlfriend. 너의 여자친구인 게 정말 싫어.

I hate being short. 나는 키 작은 게 싫어.

I hate being too pretty. 나는 너무 예쁜 게 싫어.

반대로 말하려면 love, like 등의 동사를 쓰면 된다.

I love being busy. 나는 바쁜 게 아주 좋아.

I like being a student. 나는 학생인 게 좋아.

I like being skinny. 나는 빼빼 마른 게 좋아.

I enjoy being fat. 나는 살쪄서 좋아.

대답하고 싶지 않아요

feel like

A: How old are you? 몇살인가요?

B: I don't feel like answering. 대답하고 싶지 않네요.

---

feel like + 동사ing = ~하고 싶다

don't feel like + 동사ing = ~하고 싶지 않다

A: What do you want to do tonight? 오늘 밤에 뭐 하고 싶어?

B: I don't feel like doing anything.

그 어떤 것도 하고 싶지 않아. / 아무것도 안 하고 싶어.

I don't feel like studying tonight.

오늘밤에는 공부하고 싶지 않다.

Do you feel like going out? 나가고 싶어?

사랑하지 않겠다고 약속해줘

not to love

---

❶ Promise to love me. 나를 사랑하겠다고 약속해줘.

❷ Promise not to love me. 나를 사랑하지 않겠다고 약속해줘.

---

to부정사 앞에 not을 쓰면 반대 뜻이 된다.

I decided to go. 나는 가기로 결심했다.

I decided not to go. 나는 가지 않기로 결심했다.

I promise not to laugh.

나는 웃지 않겠다고 약속한다.

I asked her not to tell anybody.

나는 그녀에게 아무한테도 말하지 말라고 청했다.

To be or not to be, that is the question.

사느냐 죽느냐, 그것이 문제다.

춤을 잘 못 춘다

have difficulty dancing

---

❶ I have difficulty to dance.

❷ I have difficulty dancing.

"나는 춤을 잘 못 춘다"라고 말하려면, 어느 게 맞을까?

②가 옳은 표현이다. 'have difficulty + 동사ing'가 맞다.

I have difficulty dancing in front of people.

나는 사람들 앞에서 춤을 못 춘다. (춤추는 게 어렵다)

He has difficulty walking.

그는 걷는 게 힘들다.

I had difficulty sleeping. 나는 잠자는 게 힘들었다.

I had difficulty running. 나는 달리는 게 힘들었다.

날 괴롭히지 마

stop bothering

---

❶ Stop to bother me. 나를 괴롭히기 위해서 멈춰.

❷ Stop bothering me. 나 괴롭히기를 멈춰.

---

stop 다음에는 보통 동명사를 써야 한다. ②처럼 말이다. ①은 뜻이 이상하다. bother는 "괴롭히다" "신경쓰게 만들다"는 뜻이다.

A: Will you go out with me?

나와 나갈래요? / 데이트할래요?

B: No. Stop bugging me.

아니. 나를 괴롭히지 마. (bug = 벌레, 성가시게 굴다)

He stopped eating. 그는 먹기를 멈췄다.

He stopped to eat. 그는 먹기 위해 멈췄다.

내가 가길 원해?

want me to go

---

❶ I want to go home.

❷ I want you to go home.

두 문장의 뜻이 전혀 다르다. ①은 내가 집에 가길 원한다는 것이고 ②는 나는 네가 집에 가길 원한다는 의미다.

I want to stay. 나는 머물길 원한다.

I want him to stay. 나는 그가 머물길 원한다.

Do you want to help? 너는 돕기를 원해?

Do you want me to help? 너는 내가 돕기를 원해?

What do you want to do? 뭘 하길 원하나요?

What do you want her to do? 그녀가 뭘하기를 원하나요?

참을 수 없다

can't help

---

❶ **I can't help to laugh.**

❷ **I can't help laughing.**

---

①은 어색한 표현이다. "나는 웃는 것을 도울 수 없다"는 무슨 말인지 알기 어렵다. ②가 맞다. 여기서 help는 "참다"에 가깝다.

can't help ~ing = ~를 참을 수 없다

I can't help loving you.

나는 너에 대한 사랑을 참을 수 없어.

I can't help feeling sad.

나는 슬퍼지는 걸 참을 수 없다.

I couldn't help laughing.

나는 웃음을 참을 수 없었다.

내 생각을 밝혀야
영어를 잘한다

6

조동사

You must know it

나의 존재감을 드러내고 싶다면, 조동사

영어 조동사(modal verb)는 한국인을 괴롭힌다. may, might, can, could, will, would, should, must 등 종류가 많을뿐더러 모양도 변화무쌍해서 어렵다.

이 복잡한 조동사를 암기하려고 덤비는 순간, 영어 공부가 고통이 된다. 먼저 이해가 앞서야 한다. 영어권 사람들이 복잡한 조동사를 굳이 쓰는 이유가 분명히 있다. 뭐 하려고 조동사를 쓸까? 주된 목적은 두 가지다. 의무와 확률을 말할 때 조동사를 쓰는 것인데, 먼저 의무부터 보자.

❶ **You know it.** 너는 그걸 안다.

❷ **You may know it.** 너는 그걸 알아도 된다.

❸ **You should know it.** 너는 그걸 알아야 한다. (그게 좋다)

❹ **You must know it.** 너는 그걸 알아야 한다. (꼭)

①은 사실을 담백하게 드러낸다. 반면 ② ③ ④는 상대를 집적거리며 압박한다. 남에게 "알아도 된다"거나 "알아야 한다"고 말하는 건 참견이다. 좀 더 점잖게 말해서 상대의 의무를 말하고 있다. 이렇게 의무를 제시할 때 쓰는 것이 조동사이다. may(~해도 된다), should(~하는 게 좋다), must(꼭 해야 한다)가 예다. 한편 ①에는 참견이나 의무를 표현하지 않는다. 조동사가 없기 때문이다.

조동사에는 의무 제시 말고도 또 다른 목적이 있다. 확률을 추측할 때 필요하다.

❶ **You know it** 너는 그걸 안다.

❷ **You may know it.** 너는 그걸 알 것이다. (아마)

❸ **You should know it.** 너는 그걸 알 것이다. (꽤 확실해)

❹ **You must know it.** 너는 그걸 알 것이다. (아주 확실해)

①은 사실을 말할 뿐이지만 나머지 예문에서는 말하는 사람의 판단이 드러난다. 내가 생각할 때 아마 그럴 것 같으면 may, 꽤 확실하

다면 should, 틀림없이 확실하다면 must를 쓴다. 다시 말해 확률이 낮다고 생각하면 may, 확률이 제법 높다고 보면 should, 확률이 아주 높다고 생각하면 must를 쓰는 것이다.

정리해보면 조동사를 쓰는 목적은 크게 두 가지다.

조동사의 목적 ❶ 의무를 말하려고
❷ 확률을 말하려고

"이렇게 해야 한다"고 의무를 말하거나, "이 일은 일어날 확률이 낮다, 혹은 높다"고 확률을 추측할 때 필요한 게 조동사다. 의무와 확률 추측 말고도 중요한 다른 기능이 있다. 능력(can)이나 의지(will)를 뜻할 때도 있다.

I can do it. 나는 그것을 할 수 있다. (능력)
I will do it. 나는 그것을 할 것이다. (의지)

위와 같은 능력 개념과 의지 개념도 꼭 알아야 하지만, 대다수 조동사의 기본 뜻은 의무 제시와 확률 예측이라는 점이 중요하다. 이렇게 이해하면 될 것이다.

조동사(modal verb) = 의무와 확률을 표현하는 조동사

= 의무·확률 조동사

대부분의 조동사는 그래서 두 가지로 해석할 수 있다.

You may know it. ❶ 너는 그것을 알아도 된다. (허락)

❷ 너는 그것을 알 것이다. (아마)

You should know it. ❶ 너는 그것을 알아야 한다. (그게 좋아)

❷ 너는 그것을 알 것이다. (꽤 확실해)

You must know it. ❶ 너는 그것을 알아야 한다. (반드시)

❷ 너는 그것을 알 것이다. (아주 확실해)

그런데 모든 조동사는 흥미로운 역할을 한다. 조동사들은 역할 분담을 해서 '강·중·약'을 표현한다.

조동사	의무 제시	확률 예측	강도
may	~ 해도 된다	~일 것이다 (아마)	약
should	~해야 한다 (그게 좋다)	~일 것이다 (꽤 확실)	중
must	~해야 한다 (꼭)	~일 것이다 (아주 확실)	강

may는 의무 강도가 약하고, 낮은 확률을 말할 때 쓴다. must는 의무가 강하고, 추측하는 확률도 강하다. should는 중간이다. 조동사에는 그렇게 약한 조동사, 중간 조동사, 강한 조동사가 있다.

한국인들은 대·중·소 개념에 익숙하다. 영어 원어민들은 강·중·약을 많이 따진다. 의무를 말할 때 강하게 할까, 중간으로 할까, 약하게 할까 고민하고 선택한다. 어떤 일이 일어날 추측을 할 때도 똑같이 고민한다. 조동사가 이런 강·중·약 수준을 표현하는 데 활용된다.

You must go. 너는 꼭 가야 한다. (강)

You should go. 너는 가는 게 좋다. (중)

You may go. 너는 가도 된다. (약)

위 예문들은 의무를 주장하고 있는데, 강도는 강·중·약으로 구분할 수 있다. 확률 예측에도 강·중·약 구분이 존재한다. will도 자신감 넘치는 예측을 표현할 때 쓴다.

It will rain. 비가 올 것이다. (확실해, 강)

It should rain. 비가 올 것이다. (꽤 확실해, 중)

It may/might/could rain. 비가 올지도 모른다. (안 올 수도 있고, 약)

사람이라면 누구나 자기 생각을 말해야 한다. "내 생각에는 이렇게 될 것이다"라고 자신 있게 예측하는 사람이 주목을 받는다. 또 "내 생각에는 ~해야 한다"라고 단호한 주장을 펴야 리더십이 생긴다. 자기 생각을 분명히 말하는 데 쓰이는 것이 바로 영어의 조동사이다. 달리 말해서 조동사는 나의 존재감을 드러내는 중요한 역할을 하는 것이다.

It might rain

'과거형 조동사'라는 말에 속지 않아야 한다

조동사를 공부할 때 빠지기 쉬운 함정이 하나 있다. '과거형 조동사'라는 개념이 문제다.

가령 우리는 might는 may의 과거형이라고 배우고, could는 can의 과거형이라고 공부한다. 그런데 조심해야 한다. 그들 과거형 조동사의 뜻이 과거라고 생각하면 안 된다. 과거형 조동사는 현재와 미래도 표현할 수 있다.

아래는 미국의 한 언어학자가 제시한 예문이다.[1]

❶ **It may rain.** 비가 올 것이다. (아마)

❷ **It might rain.** 비가 올 것이다. (아마)

①과 ②는 미래를 나타내며 거의 같은 뜻이다. 뜻 차이는 미세하게 있다. may보다 might가 조금 약하다. ①의 may는 비가 올 가능성이 50% 정도라는 뜻이고 ②는 확률을 조금 더 낮게 본다. 하지만 그 차이는 미묘하고 우리에게는 큰 의미가 없다. 훨씬 중요한 것은 ②에서 might가 모양은 과거형이지만 뜻은 미래라는 사실이다. 나중에 비가 올 거라는 뜻이다. could 역시 과거가 아니라 현재 혹은 미래 뜻으로 쓰일 때가 많다.

I'm starving. I could murder a pizza.

너무 배고프다. 피자를 해치울 수 있겠다.

피자를 살해하겠다(murder)는 건 사정 없이 먹어치우겠다는 뜻이다. 여기서 could는 과거 뜻이 아니라 현재 또는 미래 뜻이다. 가정이기 때문에 can이 아니라 could를 썼다.

❶ **Can you help me?** 당신은 나를 도울 수 있어요?

❷ **Could you help me?** 당신은 나를 도울 수 있어요? (더 정중한 느낌)

②의 could도 과거가 아니다. 현재 혹은 미래다. can보다는 could가 약하고, 더 예의 바른 느낌을 준다. could는 정중함을 표현할 뿐 과거 뜻을 나타내지는 않다. would도 마찬가지다.

❶ **I will quit my job.**

나는 일을 그만둘 것이다. (미래 결심, 확실)

❷ **I would quit my job.**

나는 일을 그만둘 것 같다. (~라면, 가정)

①은 굳은 결심이다. 반면 ②는 상상으로 if 절이 생략되어 있다. 가령 "더 좋은 직장을 찾을 수 있다면" "내가 부자라면" 등의 조건이 숨었다. (I would quit my job if I were rich. 내가 부자라면, 일을 그만둘 것 같다.) ②의 would도 과거가 아니라 미래다.

한편 정반대의 상황도 있다. 우리는 will이 항상 미래일 것이라고 생각한다. 하지만 아닌 경우도 적지 않다.

A: There is someone at the door. 문 앞에 누군가 있어.

B: It will be Tom. 톰일 거야.

여기서 will은 무슨 뜻일까? 미래 뜻이 아니다. 현재 상황에 대한 강한 추정이다. will이 미래 뜻만 있다고 생각하면 안 된다. 현재에 대한 강한 추측을 표현한다.

약한 추측, 즉 자신감이 부족한 추측을 표현할 때는 could나 might 등을 쓸 수 있다.

A: Someone is flying.

누가 날아가고 있어.

B: It could/might be Superman.

슈퍼맨일지도 몰라.

여기서 could와 might는 과거 뜻이 아니다. 현재에 대한 추정인데 다만 자신감이 좀 약해서 과거형을 쓴 것이다.

will은 미래뿐 아니라 현재 의미로도 쓰인다. could나 might는 과거형이지만 때로는 현재와 미래도 표현한다. would도 역시 미래를 나타내는 경우가 많다. 조동사의 뜻은 겉만 보고는 알 수 없다. 앞뒤 맥락을 따져야 한다.

It could rain this evening

예측할 때 can을 쓰면 왜 틀릴까

"(내 생각에는) 저녁에 비가 올 것이다"라고 말하고 싶다.

❶ It can rain this evening.

❷ It may rain this evening.

어느 쪽이 맞을까? 아니면 둘 다 맞을까? ①은 틀렸다. ①이라고 말하는 영어 원어민도 있지만, 원칙적으로는 can을 쓰면 틀리는 것이다. may는 된다. 또 may 대신에 could나 might를 사용할 수도 있다.

It may rain this evening.

= It could rain this evening.

= It might rain this evening.

= It's possible it'll rain this evening.

저녁에 비가 올 것이다. (아마도) / 비가 올 수도 있다.

내 생각에는 비가 올 것 같다는 것이다. 비가 올 확률이 대충 50% 전후라는 의미이기 때문에 "비가 올지도 모른다"로 해석할 수도 있다. may, could, might를 쓴 위 문장들은 모두 맞는 표현이다. 그런데 아래 문장은 엄밀히 말해서 비문법적이다.

It can rain this evening.

왜 그럴까? can은 말하는 사람의 생각을 표현하지 못한다. 대신 "때로는 ~그럴 가능성이 있다"는 뜻이다.

can = 때로는 ~할 수 있다, 때로는 ~할 가능성이 있다

Smoking can cause cancer.

= 때로는 흡연이 암을 유발할 수 있다.

= (자연스러운 해석) 흡연은 암을 유발할 수 있다.

She can be rude.

= 그녀는 때로는 무례할 수 있다.

= (자연스러운 해석) 그녀는 때론 무례하다.

can의 의미를 더욱 분명히 알려면 may와 비교해보면 된다. 영국의 한 영문학자는 흥미로운 예문을 제시했다.[2]

❶ A friend can betray you.

❷ A friend may betray you.

두 문장은 뜻이 다르다. ①은 "친구란 때로는 (즉 이론적으로) 배신할 가능성이 있다"는 뜻이다. ②는 점쟁이가 하는 말로서 "당신의 친구 한 명이 배신할 것이다"는 예측이다. 한국인의 눈에는 두 문장이 아주 비슷해 보이지만 다른 의미를 품고 있는 것이다.

이번에는 문제를 풀어보자. "Where's Sarah?(사라는 어디에 있지?)"라는 질문에는 어떻게 답해야 맞을까?

❶ She may be with Joe.

(내 생각에는) 그녀는 조와 함께 있을 수 있다.

❷ She can be with Joe.

(때때로) 그녀는 조와 함께 있을 수 있다.

위 문제를 출제한 영국의 언어학자 마이클 스완은 ①이 맞고 ②는 틀렸다고 해설한다.[3] 자기 생각을 물었는데 ②처럼 can으로 답하면 안 된다는 것이다. can은 개인이 생각하는 가능성(내 생각에는 ~이렇다)은 표현하지 못하고, 이론적 가능성(원래 ~이렇다)을 나타낸다는 의미다. 이 원칙이 영어 원어민의 일상 대화에 철저하게 적용되지는 않지만, 많은 영문학자들의 지지를 받는 것은 사실이다.

이상에서 설명한 것처럼 can이 이론적 가능성도 표현하지만, can의 가장 일반적인 뜻은 뭐니뭐니해도 '능력'이다.

I can do it. 나는 그것을 할 수 있다.

I cannot do it. 나는 그것을 할 수 없다.

I am a bird. I can fly. 나는 새다. 나는 날 수 있다.

I was a bird. I could fly. 나는 새였다. 나는 날 수 있었다.

그런데 cannot(can't)는 "할 수 없다" 말고도 또 다른 뜻이 있다. "그럴 리 없다"라는 뜻으로도 많이 쓴다. 절대 불가능하다는 의미다.

It cannot be true. 그것이 진실일 리 없다.

You can't be serious.

너는 지금 진지할 리 없다. / 분명 진담이 아니다.

I should have studied

과거 일을 후회하고 싶다면, should have pp

누구나 과거를 후회한다. 후회할 때 우리는 "나는 그랬어야 한다" "나는 그러지 말았어야 한다"라고 말한다. 8살 한국 아이도 할 수 있는 말이다. 그에 해당하는 영어 표현도 기본에 속하니까 알아둬야 한다.

should have pp = ~했어야 한다

should not have pp = ~안 했어야 한다

I should have studied. 나는 공부했어야 한다.

I should not have studied. 나는 공부를 안 했어야 한다.

She should have left at once.

그녀는 즉시 떠났어야 한다.

She shouldn't have left at once.

그녀는 즉시 안 떠났어야 한다.

studied는 study의 과거분사(pp)이며, left는 leave의 과거분사이다. 이제 'should+동사'와 'should have pp'를 비교해보자.

I should marry you. 나는 너와 결혼해야 한다.

I should have married you. 나는 너와 결혼했어야 한다.

You shouldn't miss his performance.

너는 그의 공연을 안 놓쳐야 한다.

You shouldn't have missed his performance.

너는 그의 공연을 안 놓쳤어야 한다. (2020학년도 수능)

should not have pp를 알면 "이런 거 안 사와도 되는데"를 말할 수 있다. bought는 buy의 과거분사다.

You should not have bought it.

= You shouldn't have bought it.

= You shouldn't have.

= 당신은 그것을 사지 말았어야 한다. / 이런 거 안 사와도 되는데.

A: This is for you. 이건 당신을 위한 것입니다.

B: You shouldn't have. 안 사와도 되는데.

그런데 과거를 후회할 때, must have pp는 안 될까?

She must have left at once.

❶ 그녀는 즉시 떠나야 했다.

❷ 그녀는 틀림없이 즉시 떠났을 것이다.

①의 뜻으로 말하는 원어민도 존재하지만, ②가 문법에 맞는 해석이다.

원래 must는 의무 개념이 강하다. You must go(너는 반드시 가야 한다)처럼 말이다. 그런데 must have pp로 바뀌면 의무가 아니라 추측 뜻으로만 쓰인다. "~했어야 한다"가 아니라 "틀림없이 ~했을 것이다"(강력한 추정)라고 해석해야 하는 것이다. 영어 원어민의 현실 대화에서 100% 지켜지지는 않지만, 그게 원칙이다.

Ann knows it. Tom must have told her.

앤이 알고 있다. 톰이 그녀에게 말한 게 틀림없다.

Ann is late. She must have missed the bus.

앤이 늦는다. 버스를 놓친 게 틀림없다.

"하지 말았어야 한다"고 후회할 때는 앞의 should not have pp로 표현한다.

I should not have spent all my money.

나는 돈을 다 쓰지 말았어야 한다.

I should not have brought my phone.

나는 전화기를 가져오지 말았어야 한다.

I shouldn't have loved you.

나는 너를 사랑하지 말았어야 한다.

I shouldn't have met you.

너를 만나지 말았어야 한다.

It may have snowed

과거 일을 추측하고 싶다면, 조동사 + have pp

가령 "눈이 온 것 같다"는 한국어가 아주 쉽다. 영어로도 그 정도는 말할 수 있어야 한다.

❶ **It may snow.**

아마 눈이 올 것이다. / 눈이 올 것 같다. (약한 추측)

❷ **It may have snowed.**

아마 눈이 왔을 것이다. / 눈이 온 것 같다. (약한 추측)

"나중에 눈이 올 수도 있다"고 생각하면 ①이다. ②는 "아까 눈이 왔을 수도 있다"이다. 동사 부분을 간단히 바꾸면 과거가 된다.

may + 동사 원형 ⋯→ may have + 과거분사

과거 사건을 추측할 때도 강도의 서열이 있다. 아래 4가지가 많이 쓰인다.

❶ must have pp 틀림없이 ~이었다 (강)
❷ may have pp 아마 ~이었을 것이다 (약)
❸ might have pp 아마 ~이었을 것이다 (약)
❹ could have pp 아마 ~이었을 것이다 (약)

①은 '강'이다. 틀림없다는 생각이다. ② ③ ④는 비슷한 뜻으로 '약'이다. "아닐 수도 있다"고 생각하면서 하는 말들이다.

It must have snowed.

틀림없이 눈이 왔을 것이다.

It may have snowed.

= It might have snowed.

= It could have snowed.

= 아마 눈이 왔을 것이다. (아닐 수도 있고)

이별 후에야 깨달았다. "그것은 틀림없이 사랑이었다"라고 말이다. 영어로는 뭘까? must have pp를 써야 한다. been이 be의 pp이다.

❶ **It must be love.**

그것은 틀림없이 사랑이다.

❷ **It must have been love.**

그것은 틀림없이 사랑이었을 것이다.

①은 현재에 대한 강한 추정이고 ②는 과거에 대한 강한 추정이다. '조동사 have pp' 형식으로 약한 추정도 표현할 수 있다.

It may have been love.

= It might have been love.

= It could have been love.

= 그것은 아마도 사랑이었을 것이다.

한편 부정 추정도 가능하다. "~아닐 것이다"라고 과거를 추측할 때는 not을 추가한다.

may / might not have pp = 아마 ~안 했을 것이다 (약, 불확실)

It may not have snowed.

아마 눈이 안 왔을 것이다. (약)

It might not have snowed.

아마 눈이 안 왔을 수도 있다. (약)

과거 부정 추측일 때는 cannot have pp를 많이 쓴다. 아주 강한 의미(~일 리가 없다)를 나타낸다.

She cannot have said so.

그녀가 그렇게 말했을 리가 없다.

It cannot have been love.

그것이 사랑이었을 리가 없다.

It couldn't be better

내 생각과 감정을 전달하는 조동사 표현

you must be

A: I love you with all my heart. 진심으로 너를 사랑해.

B: You must be kidding. 틀림없이 너는 농담하고 있어.

---

must는 의무(꼭 ~해야 한다)도 되지만 강한 추정(틀림없이 ~이다)으로도 많이 쓴다.

I must be dreaming.

나는 지금 꿈꾸는 게 틀림없다.

That must be amazing.

그거 틀림없이 멋질 거야.

You must think I am an idiot.

틀림없이 너는 나를 바보로 생각한다.

You must know him.

틀림없이 너는 그를 안다.

더 좋을 수 없어요

couldn't be better

A: How are you? 어떠세요?

B: It couldn't be better. 최고예요.

It couldn't be better.

= 상황이(it) + 불가능하다(could not) + 더 좋다(be better)

= 상황이 더 좋을 수 없다. / 최고다.

My condition couldn't be better.

내 건강 상태가 더 좋을 수 없다. / 최고다. (2012학년도 수능)

I couldn't be more pleased.

나는 더 기쁜 게 불가능하다. / 더할 수 없이 기뻐요.

과거 사건을 두고 "최고였다"라고 말하고 싶다면 be 대신 have been(have pp)을 쓰면 된다.

A: How was your trip?

여행은 어땠어요?

B: It couldn't have been better.

더 좋을 수 없었죠.

I couldn't be happier.

나는 더 행복할 수 없어요. / 몹시 행복해요.

I couldn't have been happier.

나는 더 행복할 수 없었어요. / 몹시 행복했어요.

너 분명히 기뻤겠다

must have been

---

❶ **You must be pleased.** 너는 분명히 기쁘겠다. (현재)

❷ **You must have been pleased.** 너 분명히 기뻤겠다. (과거)

---

①은 현재이고 ②는 과거에 대한 이야기다. 아래 규칙을 따르면 된다.

must + 동사 ···› must have pp

You must be proud. 너는 자랑스럽겠다. 틀림없이.

You must have been proud. 너는 자랑스러웠겠다. 틀림없이.

She must have been beautiful.

그녀는 아름다웠을 거야. 틀림없이.

Ann must have been sick.

앤은 아팠을 것이다. 틀림없이.

It must have been very difficult.

그것은 틀림없이 아주 어려웠을 것이다. (2020학년도 수능)

날 바보로 만들지 말았어야 해

should not have made

You made a fool of me.

= 너는 나로부터(of me) 바보 하나(a fool)를 만들었다.

= 너는 나를 바보로 만들었어.

그렇다면 "나를 바보로 만들지 말았어야 한다"는 영어로 뭘까? should not have pp(~하지 말았어야 한다)를 쓴다. made가 make의 과거분사(pp)이다.

You should not make a fool of me.

너는 나를 바보로 만들지 말아야 한다.

You should not have made a fool of me.

너는 나를 바보로 만들지 말았어야 한다.

You should not eat so much.

너 그렇게 많이 먹지 않아야 해.

You should not have eaten so much.

너 그렇게 많이 먹지 않았어야 해.

You shouldn't have taken your eyes off the road.

당신은 길에서 눈을 떼지 말았어야 한다. (2014학년도 수능)

She should not have said that.

= She ought not to have said that.

= 그녀는 그걸 말하지 않았어야 한다.

 여자 친구가 있다고 말할 수 있었잖아

could have told

You could have told me.

너는 나에게 말할 수 있었다. (과거)

여기서 could have pp는 "과거에 ~할 수 있었다"이다. "할 수 있는 일을 하지 않았다"고 타박할 때 쓴다.

You could have told me you had a girlfriend.

너는 여자 친구가 있다고 말할 수 있었어.

You could have paid for coffee.

너는 커피값을 낼 수 있었어.

could have pp를 조금 다른 뜻으로 쓸 수도 있다. "~할 뻔했다"라고 번역하면 어울린다.

I could have died of shock.

나는 놀라서 죽을 수도 있었다. (죽을 뻔했다)

You could have gone to jail.

너는 감옥에 갈 수도 있었다. (갈 뻔했다)

오해가 있었던 것 같네요

may have been

A: She lied to me. 그녀가 나에게 거짓말했다.

B: There may have been a misunderstanding.

오해가 있었던 것 같다.

---

may + have pp

= might + have pp

= 과거에 ~했을 수도 있다 (아닐 수도 있지만, 불확실)

There may have been a misunderstanding.

= There might have been a misunderstanding.

= 오해가 존재했을 수도 있어요. / 오해가 있었던 것 같아요.

There may have been another reason.

다른 이유가 있었던 것 같아요.

may보다 must가 훨씬 강한 느낌이다.

There must have been another reason.

다른 이유가 있었던 게 틀림없어요.

Your son must have had a great time.

당신 아들이 아주 좋은 시간을 보냈을 게 분명하다. (2021학년도 수능)

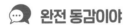

완전 동감이야

I will say

A: Isn't he cute? 쟤 귀엽지 않아?

B: I'll say. 완전 찬성이야.

I'll say(I will say)는 "완전히 찬성한다" "완전히 네 말이 맞다"는 뜻이다. 어떻게 이런 뜻이 될까?

I will say ···› 나도 확실히 그렇게 말할 거야 ···› 완전히 찬성이야

I'll say가 자신감이 넘치는 표현인 데 반해 I'd say(I would say)는 조심스럽게 자기 뜻을 밝힐 때 쓰는 표현이다.

I'd say you are wrong.

네가 틀렸다고 나는 말하겠어.

I'd say you need to decide.

당신이 결정해야 한다고 저는 말하겠어요.

DAY 28

Will I help you?

혼동하기 쉬운 조동사 표현들

내가 널 도울까, 아닐까?

will I help

---

❶ May I help you?

❷ Shall I help you?

❸ Will I help you?

---

①과 ②는 뜻이 비슷하다. "도와드릴까요?"이다. ③의 뜻은 뭘까?

놀리는 말이 될 수도 있다. 한 영문학자는 이렇게 설명한다.[4]

Will I help you?

= What do you think? Will I help you or not? Guess.

= 당신 생각이 뭐죠? 내가 당신을 도울까요? 아닐까요? 맞혀봐요.

"Will I help you?"는 도와주겠다는 게 아니다. 내가 도울지 아닐지 예상해보라는 말이다. 아래 예문도 상대방의 예상을 묻고 있다.

Will I see you again? 당신을 또 보게 될까요?

Will I be able to travel abroad? 해외 여행을 할 수 있게 될까요?

타인에게 요청할 때는 will you~를 쓴다.

Will you help me? 도와주실래요?

Will you excuse me, please? 제가 먼저 일어나도 될까요?

Will you be my Valentine? 내 사랑이 되어줄래요?

Will you be my date? 나의 데이트 상대가 되어줄래요?

값을 치르게 만들겠어

you shall

---

❶ **I shall not pass.** 나는 지나가지 않을 것이다.

❷ **You shall not pass.** 너는 지나가지 못할 것이다.

주어가 1인칭(I, we)일 때 shall은 will과 비슷하다.

I shall not pass.=I will not pass.

주어가 1인칭이 아니면(you, he, they 등이면) 조심해야 한다. shall의 뜻이 바뀐다. 말하는 사람의 강한 의지를 표현한다. "내가 그렇게 만들 것이다"라는 뜻이 된다.

She shall go.

그녀는 갈 것이다. (내가 가게 할 것이다)

You shall pay for this.

넌 이 값을 치르게 될 거야. (내가 그렇게 만들겠어)

영화 〈반지의 제왕〉 1편의 마지막에 무시무시한 거대 괴물이 등장한다. 한 발, 두 발 다가오는데 마법사 간달프가 외쳤다.

You shall not pass! 너는 못 지나간다! (내가 막을 것이다)

다음은 소설 〈해리포터〉 시리즈에 나오는 대사다.

You shall not harm Harry Potter.

너는 해리포터를 해치지 못할 것이다. (내가 막겠다)

진심이 아니죠?

can't be serious

A: I can't wait for Christmas. 크리스마스를 못 기다리겠어.

B: I hate Christmas. 난 크리스마스를 싫어해.

A: You can't be serious. 너 진심일 리가 없어.

위 대화에서 can't 가 두 번 나왔는데 뜻이 다르다.

can't ❶ ~할 수 없다

❷ ~일 리 없다 / 불가능하다

I can't wait for Christmas. 나는 크리스마스를 못 기다리겠다.

You can't be serious. 너는 진심일 리가 없다.

You can't be 20. You look much older.

네가 20살 일 리 없다. 더 나이 들어 보인다.

The movie can't be good.

그 영화는 좋을 리가 없다.

반대로 "틀림없이 ~이다"라고 하려면 must를 쓴다.

You must be 20. 너는 20살이 틀림없어.

The movie must be good. 그 영화는 틀림없이 좋을 거야.

포기하는 게 현명할 것 같아요

it would be wise

A: How old is he?

B: ❶ **He is sixty.** 그는 60살이야. (사실이야)

❷ **He will be about sixty.** 그는 약 60살일 거야. (확실해)

❸ **He would be about sixty.** 그는 약 60살일 것 같다. (확실하진 않아)

영국에서 출간된 한 영문법 책의 예문이다.[5]

여기서 will은 미래가 아니라 현재 뜻이고, would도 과거가 아니라 현재다. 둘 다 현재에 대한 추정을 나타낸다. 그런데 믿음의 강도가 다르다. ②의 will은 거의 100% 확신한다는 느낌이고 ③의 would는 그보다는 자신감이 약하다.

The car will be very expensive.

그 차는 아주 비쌀 거야.

As you will know, we are engaged.

당신이 알고 있을 것처럼, 우리는 약혼했어요.

I think it would be wise to give up.

포기하는 게 현명하다고 나는 생각해요.

화장실 물이 안 내려갔어요

the toilet wouldn't

A: Why are you late? 왜 늦었죠?

B: The toilet wouldn't flush. 화장실이 막혔어요.

변기 물이 내려가지(flush) 않았다는 변명이다. 여기서 wouldn't는

과거의 고집이다. '과거에 ~하지 않으려고 했다'는 뜻이다.

My car wouldn't start.

내 차가 출발을 하지 않았다. / 시동이 안 걸렸다.

She wouldn't let me go.

그녀는 나를 가게 하지 않았다.

I wanted to give him a reward. But he wouldn't accept it.

나는 보상을 하고 싶었다. 하지만 그가 받지 않으려고 했다. (2021학년도 수능)

wouldn't가 과거의 고집이라면 현재의 고집은 won't(will not)로 표현한다.

My car won't start.

내 차가 시동이 안 걸린다. (현재)

My phone won't work.

내 전화기가 작동하지 않는다. (현재)

영어의 시간은
뒤죽박죽 흐른다

7

현재와 진행

It is raining

'단순 현재'가 꼭 현재를 의미하진 않는다

영어에선 시간이 뒤죽박죽이다. 만만해 보이는 현재와 진행이 특히 그렇다. 현재형 동사가 현재가 아닐 때가 많고, 진행형 동사는 진행과 무관할 때가 적지 않다. 복잡한 이야기는 아니다. 예문을 보면 쉽게 이해할 수 있다.

상황을 설정해보자. 영어 원어민 친구와 차를 마시고 있다고 하자. 창밖을 보니 숲에 빗방울이 떨어지고 있다. 예쁜 풍경을 본 나는 "비 온다"라고 영어로 말하고 싶었다. 다음 중 어느 쪽일까?

❶ It rains.

❷ It is raining.

①이라고 말하면 상대가 알아듣기는 하겠지만 아주 어색하다. ②가 문법에 맞는 표현이다. 그 사실을 납득하기 위해서는 두 시제의 의미 차이를 알아야 한다.

영어의 현재 시제는 크게 두 가지가 있다. 단순 현재와 현재 진행형이 그것이다. 일반 동사 문장의 경우 아래와 같은 형태를 취한다.

단순 현재 = 동사 원형 + s ⋯› It rains.

현재 진행형 = be + 동사ing ⋯› It is raining.

명칭만 보면 '단순 현재'는 현재 상황을 표현할 것 같다. 하지만 이름에 속지 말자. 단순 현재가 현재를 표현하지 않을 때가 많다. 현재 상황은 주로 현재 진행형으로 묘사한다.

It is raining. (지금) 비가 오고 있다.

It's raining lightly. (지금) 비가 약하게 오고 있다.

It is raining은 "지금 비가 온다"는 뜻이다. 현재 상황이다. 그렇다면 It rains의 뜻은 뭘까? 단순 현재의 기본 뜻은 '늘(항상) ~한다'이다. '과거나 현재나 미래나 언제나' 그렇다는 의미다.

It rains. (늘) 비가 온다.

It rains a lot here.

여기는 (늘) 비가 많이 온다.

대다수 동사의 '단순 현재'는 현재 일어나는 일을 묘사하지 않는다. '늘', '언제나' 발생하는 일을 표현한다.

I eat a lot.

나는 많이 먹는다. (늘)

The bus leaves every morning.

그 버스는 매일 아침 떠난다. (늘)

The earth goes around the sun.

지구는 태양 주변을 돈다. (늘)

Do you travel alone?

혼자 여행 다니나요? (늘)

Are you travelling alone?

혼자 여행 중인가요? (지금)

Babies cry.

아기들은 운다. (늘) / 울기 마련이다.

Babies are crying.

아기들이 울고 있다. (지금)

I speak English.

나는 영어를 말해요. (늘) / 영어 할 수 있어요.

I am speaking English.

나는 영어로 말하고 있어요. (지금)

You drive too fast.

너는 과속 운전한다. (늘)

You are driving too fast.

너는 과속 운전하고 있다. (지금)

영어의 단순 현재는 현재가 아니다. '늘상'을 뜻한다. 현재 진행형을 써야 현재의 사건을 표현할 수 있다. 그런데 현재 진행형으로 쓸 수 없는 동사도 있다. love, hate 등을 포함하는 상태 동사다. 그것은 다음 절에서 설명한다.

I love you

영어 원어민은 "사랑하고 있다"고 말 못 한다

강가를 기분 좋게 달리고 있는데, 미국인 친구가 전화로 뭐하냐고 물었다. 어떻게 대답해야 하나?

❶ I run.

❷ I am running.

당연히 ②다. ①I run은 "나는 (늘) 달린다"는 뜻이다. 예를 들면 "I run everyday.(나는 매일 달린다)"처럼 써야 하는 표현이다. 지금 이

순간 달리는 건 ② I am running이 맞다.

그런데 현재 진행형 I am running에는 중요한 뜻이 숨어 있다. 열심히 노력한다는 의미가 깔려 있는 것이다. 지금 달리고 있다면, 다리 근육과 심폐 관련 장기를 활용하면서 열심히 움직이고 있다는 뜻이다. 다른 예문을 봐도 마찬가지다.

I am telling you.

내가 너에게 말하고 있다. ('열심히' 말하고 있으니 들어줘)

I am dancing.

나는 춤을 추고 있다. ('열심히' 춤추고 있다는 말이야)

현재 진행형은 '지금 뭔가를 열심히 하고 있다'는 뜻이다. 열심히 달리고 말하고 춤춘다고 할 때 현재 진행형을 쓰는 것이다. 그런데 사랑도 열심히 할 수 있을까? 영어 문화권에서는 그게 안 된다.

가령 내가 누군가를 깊이 사랑하고 있다고 하자. 이 마음을 고백하려면 영어로 어떻게 말해야 하나?

❶ **I love you.** 나는 너를 사랑한다.

❷ **I am loving you.** 나는 너를 사랑하고 있다.

우리 생각에는 둘 다 괜찮을 것 같다. 한국어로는 "사랑한다"나 "사랑하고 있다"나 다를 게 없는 것이다. 그런데 영어에서는 ① I love you라고 한다. 원칙적으로 ② I am loving you는 틀린 문장이 된다. 영어 원어민은 "사랑하고 있다"고 말하지 못 하는 것이다.

왜냐하면 영어식 사랑 love는 열심히 노력하는 게 아니기 때문이다. 영어권에서는 의식적으로 노력하는 행위를 표현할 때 진행형을 쓴다. 하지만 영어권의 사랑은 달리기나 춤추기처럼 열심히 할 수 있는 게 아니다. love는 꼼짝도 못 하는 상태다. 말하자면 실신 상태와 비슷하다.

She is a knockout.

그녀는 KO 펀치다. / 너무나 매력적인 사람이다.

knockout을 줄인 말이 KO다. 영어에서는 매력적인 여성을 KO 펀치에 비유한다. 강력한 펀치를 맞고 쓰러져서 뻗어있는 게 미국식 love이다. 맥밀란 영어 사전(www.macmillandictionary.com)의 설명을 봐도, 영어 문화권에서는 누군가를 깊이 사랑하면 '육체적으로 무기력하거나 쓰러지는 느낌'이다. (When you love someone very deeply, it feels as if you are physically weak or falling over.)

영어 원어민의 사랑은 한국식 사랑과 다르다. 우리는 100층짜리 건물을 짓듯이 열심히 사랑하지만, 영어권 사람들은 사랑에 빠지면 실신하고 만다. 영어식 love는 넋이 빠진 상태지, 열심히 하는 어떤 활동이 아니다. 그러므로 진행형 I am loving을 쓸 수 없다. I love you를 써야 맞는 것이다.

한국인의 사랑은 달리기와 비슷하지만 영어 문화권의 사랑은 실신이다. 한국식 사랑은 내달리는 강물이지만, 영어식 사랑은 잠잠한 호수다. 실신한 사람이나 호수처럼 꼼짝 않고 가만히 있는 것을 영어에서는 상태(state)라고 부른다. love처럼 상태를 나타내는 여러 동사가 있는데, 그 모두를 가리켜 상태 동사라고 한다.

상태를 표현하는 동사 = 상태 동사

내 마음속에 있는 것들 ⋯▸ love, like, hate, want

내 머릿속에 있는 것들 ⋯▸ think, know, remember, understand

내 눈코입 속에 있는 것들 ⋯▸ smell, see, hear, taste, sound

내 소유권 안에 있는 것들 ⋯▸ have, belong, own

마음속에 있는 감정들은 대부분 상태다. 달리기나 춤추기는 내가 노력을 쏟아서 변화시키는 동작들이다. 하지만 감정은 내가 움직일 수 없다. 또 오랫동안 변화하지 않는다. 그런 상태는 진행형을 쓰면 틀린다. 예를 들어 "그녀는 음악을 좋아한다"고 할 때나 "나는 맥주를 원한다"고 말할 때 진행형을 쓰지 않는 게 원칙이다.

She likes music. (○) She is liking music. (×)

I want beer. (○) I am wanting beer. (×)

물론 I am wanting은 영미권 언론에서도 자주 쓴다. 그렇지만 공식적인 문법 원칙에는 위배되는 표현이다. want는 상태 동사이기 때문이다.

머릿속에 있는 생각이나 앎도 영어에서는 '상태'다. 영어로는 "그녀가 틀렸다고 생각하고 있다"라거나 "독도를 알고 있나요?"라고 진행형으로 표현하지 않는다.

I think she is wrong. (○) I am thinking she is wrong. (×)

Do you know Dokdo? (○) Are you knowing Dokdo? (×)

눈코입 속의 감각을 표현하는 동사도 대체로 '상태'다. 진행형을 쓸 수가 없다.

Milk tastes good. (○) Milk is tasting good. (×)

소유를 표현하는 동사도 상태 동사가 많다. '갖고 있다'(have)가 대표적인 예다. 남동생이 두 명 있다면 그것은 오랫동안 변화하지도 않는 상태여서 진행형을 쓸 수 없다. '소유하다'(own)도 마찬가지다.

She has two brothers. (O) She is having two brothers. (×)

He owns a car. (O) He is owning a car. (×)

영어권에서는 "사랑하고 있다" "좋아하고 있다" "알고 있다"고 말하지 않는다. 대신 "사랑한다" "좋아한다" "안다"라고 표현한다. 진행형을 쓰지 않고 단순 현재를 쓰는 것이다.

그런데 기억해야 할 게 있다. 위의 내용은 앞에서 말한 It is raining과는 크게 다르다. 지금 비가 오고 있으면 It rains가 아니라 It is raining이라고 해야 한다고 앞에서 설명했다. 지금 달리고 있다면 I run이 아니라 I am running이라고 한다. 현재 상황은 현재 진행형으로 표현하는 게 맞다.

그런데 상태 동사는 진행형으로 쓰지 못한다. 그래서 할 수 없이 눈물을 머금고 단순 현재로 표현해야 하는 것이다. I love you나 I know him처럼 말이다.

문법 개념으로 정리해보자. 영어의 동사는 상태 동사와 동작 동사로 나뉜다. 상태 동사는 움직이지 않는 상태를 표현하고, 동작 동사는 움직이는 것을 표현한다. 상태 동사에는 love, like, know, have 등이 있고, 동작 동사로는 run, go, cry, make, eat, rain, snow, dance 등이 있다.

동사 중 대부분이 동작 동사인데 동작 동사는 특권을 누린다. 진행형을 자유롭게 쓸 수 있는 것이다. I am going이나 She is crying처럼 말이다. 그런데 소수인 상태 동사는 핸디캡이 있다. 진행형으로 활용하지 못한다. I am loving you나 I am knowing him은 원칙적으로 틀린 표현이다.

그런데 언어는 규칙에 완전히 갇히지 않는다. 언제나 예외가 있다. love도 진행형을 쓸 때가 있다.

예를 들어서 과거 햄버거 회사 맥도날드가 내걸었던 광고 슬로건이 I'm loving it이었다. love라고 해야 맞는데 버젓이 am loving으로 썼으니 문법 파괴다. 그런데 탈문법적 표현이 가끔 쓰이는 게 현실이다. I am loving은 도대체 어떤 느낌일까? 바로 적극성을 표현한다. am loving이라고 하면 열심히 적극적으로 사랑한다는 뉘앙스를 풍기는 것이다.

아래는 영국에서 출간된 한 영문법책의 예문이다.[1]

I'm loving every minute of this holiday.

나는 이번 휴가의 모든 순간을 사랑하고 있다.

온 마음으로 휴가를 사랑한다는 뜻이다. 열심히 적극적으로 사랑하고 있는 것이다.

그렇다면 맥도날드의 슬로건도 뜻이 무엇인지 알 수 있다.

I am loving it. 나는 그것을 열심히 사랑하고 있어.

love는 상태 동사다. 상태 동사는 원래 진행형을 쓸 수 없다. 그런데 땀 흘리며 달리고 춤추듯이 열심히 사랑한다면 am loving도 가능한 것이다. 다른 상태 동사도 마찬가지다.

❶ **I think you are right.** 나는 네가 옳다고 생각한다.

❷ **Be quiet. I am thinking.** 조용히 해. 나 생각 중이야.

think는 상태 동사다. ①처럼 단순 현재 think로 쓰는 것이 원칙이다. 하지만 열심히 생각할 때도 있다. 집중해서 뭔가를 궁리하는 경우다. 그때는 ②처럼 진행형 am thinking을 쓸 수 있다.

❶ **I have two brothers.** 나는 형제가 둘 있습니다.

❷ **We are having lunch.** 우리는 점심을 먹고 있어요.

have(갖다)도 원래는 상태 동사다. ①처럼 단순 현재를 써야 맞다. 그런데 ②처럼 점심을 먹을 때는 다르다. 열심히 먹는 거니까 진행형을 쓸 수 있다.

❶ **I see a bird flying.** 나는 날아가는 새를 본다.

❷ **I am seeing a doctor.** 나는 의사를 만나고 있어요.

see는 상태 동사에 속한다. 이미지가 눈에 저절로 들어온다는 게 see다. 원래는 ①처럼 단순 현재를 써야 하지만, '누군가를 만나다'일 때는 다르다. 열심히 행동하는 것이 되어서 진행형이 가능하다. ②는 의사의 진료를 받고 있다는 뜻이다.

I am meeting a friend tomorrow

계획을 세웠다면, 현재 진행형

‘현재 진행형’(be+동사ing)이라는 이름은 페이크다. 물론 이름처럼 현재 진행되는 일을 표현할 때가 많다. “지금 ~하고 있다”는 뜻인 것이다. 그런데 미래도 자주 표현한다. “~할 것이다”도 된다는 말이다. 이름은 현재 진행이라면서 현재도 되고 미래도 된다니, 아주 기이한 일이다. 그런데 그런 일이 우리말에서도 일어나고 있다.

한국어 문제를 풀어 보자. 다음 중 틀린 말은 어느 것일까?

❶ 나 친구 만나. 지금. **❷ 나 친구 만나. 내일.**

틀린 말이 없다. 둘 다 맞다. '나 친구 만나'가 두 가지 뜻이다. ①에서는 '지금 만나고 있다'(현재 진행)이다. ②에서는 '만날 것이다'(미래)이다. 영어에서도 비슷하다.

❶ I am meeting a friend now.

나는 지금 친구를 만나고 있다.

❷ I am meeting a friend tomorrow.

나는 내일 친구를 만날 것이다.

I am meeting이 두 가지 뜻이다. ①에서는 현재 진행이고 ②에서는 미래가 된다. ②가 희한하다.

현재 진행형이 미래를 나타낸다니 이상한 일이다.

그런데 그런 표현을 쓰는 데에는 이유가 있다. 만나는 것은 미래이지만, 만날 계획은 현재 이미 정해져 있다는 것을 나타내기 위함이다.

I am meeting a friend tomorrow.

= (일반적 해석) 나는 내일 친구를 만날 거야.

= (속뜻) 나는 내일 친구 만날 거야. 현재 계획을 세웠어.

I am leaving now.

나는 떠나고 있다.

I am leaving this evening.

나는 오늘 저녁에 떠날 것이다. (현재 계획을 이미 세웠다)

She is playing golf.

그녀는 골프를 치고 있다.

She is playing golf tomorrow.

그녀는 내일 골프 칠 것이다. (현재 약속을 이미 잡았다)

It's the tent we bought online for our camping trip.

I'm returning it.

그건 우리가 캠핑하려고 온라인에서 산 텐트인데요, 그걸 반품할 거예요.

(2021학년도 수능)

맨 마지막 문장은 텐트 반품을 신청하는 등 준비를 마친 상태에서 하는 말이다. 미래의 계획에 대해서 질문할 때도 현재 진행형을 많이 쓴다.

What are you doing? 뭐 하고 있어?

What are you doing tonight? 오늘밤 뭐 해? (계획 세웠어?)

What are you doing after work today?

오늘 퇴근 후에 뭐 해? (계획 있어?)

Where are you going?

어디로 가고 있어?

Where are you going on vacation?

휴가 어디로 갈 거야? (계획 세웠어?)

Where are you going this weekend?

이번 주말에 어디 갈 거야? (계획 세웠어?)

The movie starts at 6:00

'빼박'으로 정해진 미래라면, 단순 현재

이미 확고하게 정해져서 바꿀 수 없는 미래도 있다. 영화 상영 시간처럼 말이다. 미래가 완전히 굳어졌을 때는 단순 현재로 미래를 표현한다.

예를 들어보자. 여기는 영화관이다. 지금은 5시인데 "영화는 6시에 시작한다"고 말하고 싶다. 어느 쪽이 더 자연스러울까?

❶ The movie starts at 6:00.

❷ The movie will start at 6:00.

영화는 나중에 시작하니까 미래의 일이다. 그러니 will start(시작할 것이다)를 써야 할까? 아니다. ②라고 해도 뜻이 통하겠지만 ①이 낫다. 사실 우리말도 비슷하다.

❶ 영화가 6시에 시작합니다.

❷ 영화가 6시에 시작할 것입니다.

미래의 일이지만 ②보다는 ①을 많이 쓴다. 간단해서 말하기도 편하고 귀에도 쏙 들어온다.

다음 중 열차역의 안내 방송으로 어울리는 것은 어느 것일까?

❶ The train arrives at 5:00.

열차가 5시에 도착합니다.

❷ The train will arrive at 5:00.

열차가 5시에 도착할 것입니다.

②가 틀린 것은 아니지만 ①이 더 자연스럽다. will을 빼야 더 매끄러운 것이다.

will을 빼고 단순 현재로 미래를 표현할 때가 많다. 시간표가 이미 완전히 짜여 있는 상황일 때 그렇다. 영화가 시작하는 시간, 기차 도착 시간, 박물관이 여는 시간, 개학하는 날짜 등은 다 정해져 있다. 이럴 때는 미래의 일도 will을 쓰지 않고 단순 현재를 쓴다.

The restaurant opens at 7.

그 레스토랑은 7시에 문을 연다.

Tomorrow is Friday.

내일은 금요일이다.

will을 빼고 단순 현재를 쓰면 미래의 일이 확실히 정해져 있다는 의미다. 다음의 흥미로운 두 문장을 비교해보자. 미국 언어학자 로날드 랭에이커의 예문이다.[2]

❶ **An earthquake will strike next week.**

다음 주에 지진이 일어날 것이다.

❷ **An earthquake strikes next week.**

다음 주에 지진이 일어난다.

①의 동사는 미래 시제(will strike)이다. 다음 주에 지진이 일어날 것이라고 예측하는 문장이다. ②는 다르다. 단순 현재 동사(strikes)를 썼다. 이미 정해져 있다는 뜻이 된다. ②는 사람이 쓸 수 없는 표현이다. 지진을 계획해놓은 신과 같은 존재에게만 어울리는 말투다.

We are hoping you can explain this

I hope와 I am hoping은 뭐가 다를까?

please나 would you 같은 표현을 쓰면 정중하게 말할 수 있다. 그런데 미묘하고 세련된 방법도 있다. 현재 진행형으로 예의를 차릴 수 있는 것이다. 이 사실을 알면 영어 회화의 격을 높일 수 있다.

먼저 문제를 풀어보자. 다음 두 문장의 뜻 차이는 뭘까? 미국에서 출간된 한 영문학 교육서에 나오는 예문이다.[3]

❶ We hope you can explain this.

❷ We are hoping you can explain this.

표면적인 뜻은 비슷한 말이다. "당신이 이걸 설명할 수 있기를 바랍니다"이다. 그런데 ①은 hope(단순 현재)이고 ②는 are hoping(현재 진행)이다. 다른 게 뭘까? 한국인이 느끼지 못하는 어감 차이가 있다. ②가 더 예의 바르다. 설명을 요구하며 압박하는 게 아니라, 조심스럽게 설명을 부탁하는 느낌인 것이다.

❶ I hope you will join us.

❷ I am hoping you will join us.

①과 ②도 표면적인 뜻이 비슷하다. "당신이 우리와 함께하길 바랍니다"이다. 그런데 ②의 진행형 am hoping이 더 완곡하고 정중한 표현이 된다. ①보다는 ②가 요구하는 느낌이 옅은 것이다.

왜 그럴까? 이유를 이렇게 추론할 수 있다.

I am hoping

= 나는 현재 잠시 바라고 있어요. ⋯› 거절해도 상처받지 않아요.

진행형은 한시성을 나타낸다. I am running은 현재는 달리고 있지만 곧 멈춘다는 뜻이 된다. I am hoping도 현재 잠시 바랄 뿐이라는 느낌을 준다. 오랫동안 간절히 원한 게 아니고 잠깐 바란다고 했으니까, 상대방은 거절하더라도 부담이 적다.

만일 현재 진행형으로 부족하다면, 과거 진행형을 쓰면 된다.

❶ We wonder if you could come.

❷ We are wondering if you could come.

❸ We were wondering if you could come.

모두 "당신이 올 수 있는지 궁금해요"이다. 그런데 느낌이 다르다. ①wonder보다는 ②are wondering이 더 예의 바른 느낌이다. 그런데 더 예의를 갖추는 방법이 있다. ②의 현재 진형(are wondering)보다 ③의 과거 진행(were wondering)이 더 정중하다.

한편 be + wondering은 대입 수능에 많이 나온다.

I'm wondering if you can do anything with this.

그 문제로 당신이 뭔가 해줄 수 있는지 궁금해요. (2009학년도 수능)

You know I'm interested in German culture, so I'm wondering if I could talk with him.

내가 독일 문화에 관심이 있어서요. 그분과 대화할 수 있을지 궁금해요. (2018학년도 수능)

덧붙이자면 단순 과거 동사도 예의 바른 표현이 된다. 아래는 영국에서 출간된 한 영문법서의 예문 "I wanted to ask your advice"를 활

용한 것이다.[4]

❶ I want to ask for your advice.

❷ I wanted to ask for your advice.

"당신에게 조언을 청하고 싶어요"인데 ①보다는 ②가 간접적이고 정중하다. ②에 과거형 동사(wanted)를 썼기 때문에 나타나는 효과다.

영어에서 과거형 동사는 과거만 뜻하지 않는다. 조심스럽고 약한 느낌도 준다. will you보다는 would you가 더 예의 바른 것처럼 말이다. 진행형도 마찬가지로 정중한 표현이 된다. I hope보다는 I am hoping이 더 조심스러운 표현이다. 따라서 '과거형 동사는 무조건 과거 뜻이고, 진행형은 항상 진행을 뜻한다'고 덮어놓고 생각하지 않는 게 좋다.

DAY 34

I should be going

보다 세련되고 정중하게 말하려면

다음 두 문장의 느낌은 어떻게 다를까?

❶ I should go.

❷ I should be going.

I should go는 "나는 가야 합니다"이다. 모르는 사람이 없을 정도로 쉬운 표현이다. 그런데 영어 원어민들은 이상한 말도 한다. I should be going이라고도 말하는 것이다. ①과 ②의 차이가 뭘까?

진행형을 쓰면 '계획이 있다'는 느낌을 주게 된다. 비교해보자.

❶ **I should go.** 나는 가야 해.

❷ **I should be going.** 나는 가야 해. (계획이 있어서요)

두 표현의 뜻은 비슷하다. 그런데 ②처럼 진행형을 쓰면 계획이 있어서 가야 한다는 뉘앙스가 강해진다. 결국 가고 싶은 게 아니라 어쩔 수 없이 간다는 의미가 되니까 정중한 느낌을 준다.

must go도 마찬가지다. 다음은 영국의 한 언어학자가 제시한 예문이다.[5]

❶ **I must go.** 나는 꼭 가야 합니다.

❷ **I must be going.** 나는 꼭 가야 합니다. (계획이 있어서요)

둘 다 "나는 꼭 가야 합니다"이다. 그런데 한국인은 느끼지 못하는 미묘한 뜻 차이가 있다. ①은 의지의 표현에 가깝고 ②는 상황 설명에 해당한다. 즉 ①은 내가 원해서 간다는 말로 들리기 쉬운 반면, ②는 사정이 있다는 뉘앙스를 준다. 그래서 ②가 더 정중한 느낌이다.

영어에서 진행형은 '계획이 있다'는 느낌을 준다. 그래서 예의 바른 표현이 되는 것이다. 아주 중요한 사실인데 우리에게 널리 알려져 있지 않았다.

진행형의 정중한 뉘앙스를 모르면 영어 회화가 어려워진다. 예를 살펴보자. 미국의 레스토랑에 갔다고 하자. 종업원이 뭐라고 물어볼까?

❶ What will you have?

❷ What will you be having?

"뭘 드시겠어요?"이다. 물론 둘 다 가능하다. 하지만 더 정중한 것은 ②번이다.

❶ What will you have?

뭘 드시겠습니까? (당신이 원하는 게 뭔가요?)

❷ What will you be having?

뭘 드시겠습니까? (계획을 알 수 있을까요?)

②와 같은 진행형 표현은 손님 생각을 묻는 게 아니라 계획을 묻는 것이다. 좀 더 정중한 느낌을 주는 게 당연하다.

아래 문장의 뜻은 뭘까?

I will see Tom tomorrow. 나는 내일 톰을 만날 것이다.

뜻이 두 가지다. 먼저 의지를 나타낼 수 있다. "나는 꼭 톰을 만나겠어"라는 뜻이 되는 것이다. 두 번째로 내일 만난다는 계획을 표현할 수도 있다. 위 문장만 보면 의지인지 계획인지 분명하지 않다. 그런데 진행형을 쓰면 뜻이 아주 단순 명쾌해진다.

I'll be seeing Tom tomorrow.

나는 내일 톰을 만날 것이다. (만날 계획이다)

위 문장은 영국에서 나온 영문법 서적의 예문이다.[6]

진행형이 계획을 표현한다는 사실을 알아야 오해받는 일을 줄일 수 있다. 아래 B는 뭐라고 답하는 게 좋을까?

A: **Can you come over for lunch?** 점심 먹으러 올래?

B: ❶ **I'm sorry. I will work.**

❷ **I'm sorry. I will be working.**

①과 ② 모두 괜찮다. "미안하지만 일을 할 것이다"라는 뜻이다. 그런데 똑같은 말이 아니다. 어감에 차이가 있다. ①은 개인 의지의 표현이 될 수 있지만 ②는 계획이 있어서 못 간다는 느낌을 분명히 준다.

❶ **I will work.** 나 일할 거야.

❷ **I will be working.** 나 일할 거야. (그렇게 계획 되어 있어)

모두 뜻이 통하겠지만 ②라고 하는 게 더 낫다. 혹시 모를 오해를 피할 수 있기 때문이다.

비행기를 타면 기장도 진행형으로 말할 가능성이 높다. 이 두 문장의 차이는 무엇일까?[7]

❶ We'll fly at 30000 feet.

❷ We'll be flying at 30000 feet.

여객기 기장이 말한다. "우리는 3만 피트 고도로 비행하게 될 것입니다". 그런데 ①will fly인지 ②will be flying인지에 따라 느낌이 다르다. ①이라고 했다면 기장 개인의 의지 표명으로 들릴 수도 있다. "내가 3만 피트까지 비행기를 몰 생각입니다"로 해석 가능한 것이다. 반면 ②미래 진행형(will be flying)은 개인의 뜻이 아닌 계획에 대한 표현이다. "우리는 3만 피트 상공을 날 계획입니다"가 되는 것이다.

DAY 35

She is being nice

혼동하기 쉬운 시제 표현들

직업이 뭔가요

what do you do

❶ What are you doing?

❷ What do you do?

둘의 뜻 차이는 크다. ①은 현재 진행(are doing)이다. "지금 뭐 하고 있냐?"는 질문이 된다. ②의 do는 단순 현재 동사다. '늘' '항상'이라는 의미가 담겨 있다. ②는 직업을 묻는 질문이다.

What do you do?

당신은 늘 무엇을 하나요? / 직업이 무엇인가요?

What do you do for a living?

직업이 뭔가요?

What do you do for fun?

재미를 위해 뭘 하세요? / 뭐 하는 거 좋아해요?

무슨 일을 하느냐는 질문에는 보통 단순 현재 work로 대답한다.

I work for a bank. 나는 은행에서 일합니다.

I work for a small company. 나는 작은 회사에서 일합니다.

친절하게 행동하네

being kind

---

❶ **She is kind.** 그녀는 친절하다.

❷ **She is being kind.** 그녀는 친절하게 행동하고 있다.

---

①은 원래 그런 성격이라는 뜻이다. ②는 지금 잠시 그렇다는 말이다. 그러니까 그녀는 친절하려고 애쓰고 있는 것이다. 임시적인 행동은 진행형(be+ing)으로 표현한다.

You are selfish.

너는 이기적이야. (늘)

You are being selfish.

너는 이기적으로 굴고 있어. (지금)

You are an idiot.

너는 바보다. (늘)

You are being an idiot today.

너는 오늘 바보처럼 군다. (한시적)

A: I think she is flirting with me.

그녀가 나를 유혹하는 것 같다.

B: She is just being nice.

그녀는 상냥하게 행동하는 것뿐이야.

스토킹 당하고 있어요

being stalked

---

❶ **I am stalking my ex.** 나는 전 애인을 스토킹하고 있어요.

❷ **I am being stalked.** 나는 스토킹 당하고 있어요.

둘 다 현재 진행(be+동사ing)이다. 그런데 뜻은 정반대다. am stalking은 스토킹을 하고 있다는 말이니까 능동이다. am being stalked는 현재 스토킹을 당하고 있는 것이다. 수동이다.

be + 동사ing = 현재 진행 능동(~하고 있다)

be being + 과거분사 = 현재 진행 수동(~당하고 있다)

I am being stalked on Facebook.

페이스북에서 스토킹을 당하고 있어요.

Are you being stalked?

스토킹을 당하고 있나요?

Are you being served?

직원의 도움을 받고 있나요?

Are you being loved?

사랑받고 있나요?

Are you being paid?

당신은 돈을 받고 있나요?

Are you being underpaid?

당신은 돈을 적게 받고 있나요?

Are you being bullied?

당신은 괴롭힘을 당하고 있나요?

Are you being bullied at school?

당신은 학교에서 괴롭힘을 당하고 있나요?

컨디션이 너무 나빠

feel terrible

아래 문장 중 어느 것이 틀렸을까?

---

❶ I am feeling terrible. I can't sleep.

❷ I feel terrible. I can't sleep.

"지금 컨디션이 아주 안 좋다"라는 뜻인데, 둘 다 맞다. feel(단순 현재)과 am feeling(현재 진행) 모두 쓸 수 있다.

I feel hungry. = I am feeling hungry.

나 배고파

How do you feel? = How are you feeling?

어떠세요?

"지금 어떻게 보인다"라고 말할 때 look도 단순 현재와 현재 진행 두 표현이 모두 가능하다. 아프다는 뜻의 hurt도 마찬가지다.

You look great. = You are looking great.

아주 좋아 보여요.

My eyes hurt. = My eyes are hurting.

눈이 아파요.

열이 나요

have a temperature

We are having a great time.

우리 아주 멋진 시간을 보내고 있어요.

위 문장에서는 we가 적극적으로 좋은 시간을 갖고 있고 그래서 진

행형 are having을 쓸 수 있다.

I am having a good time. 나는 좋은 시간을 갖고 있다.

I am having a break. 나는 휴식을 하고 있다.

그럼 내가 몸에 열이 난다고 하자. 의사에게 어떻게 말해야 할까?

❶ I am having a temperature.

❷ I have a temperature.

②라고 해야 맞다. having이 아니라 have가 맞는 것이다.

내가 열심히 노력을 해서 열이 나는 것이 아니다. 열은 저절로 나는 것이다. 상태인 것이고 그러므로 단순 현재 have를 써야 한다.

I have a runny nose. 콧물이 납니다.

I have a headache. 두통이 있어요.

I have a cold. 감기에 걸렸어요.

I have a cough. 기침을 해요.

위에서 보듯이 병명 앞에 a(부정 관사)가 붙는 경우가 많지만, 모두 그런 것은 아니다. 독감이나 설사의 경우는 다르다.

I had the flu last week.

나는 지난주에 독감이 걸렸어요.

I had diarrhea. 나는 설사를 했어요.

어느 학교 다녀요?

do you go to?

A: What school do you go to?

어느 학교에 가나요? (늘) / 어느 학교 다니나요?

B: I go to Harvard.

나는 하버드에 가요. (늘) / 나는 하버드에 다녀요.

---

go는 단순 현재다. '늘 간다'라는 뜻이다. What school do you go to?는 다니는 학교가 어디냐는 질문이며, I go to Harvard는 하버드 재학생이라는 뜻이다.

Where are you going?

당신은 어디로 가나요? (지금)

Where do you go out to eat?

당신은 식사하러 어디 가나요? (늘, 보통)

Does this bus go to the zoo?

이 버스는 동물원에 가나요? (늘, 보통)

What school did you go to?

어느 학교에 다녔나요?

What school did you graduate from?

어느 학교를 졸업했나요?

I went to Oxford.

나는 옥스퍼드 대학교에 다녔습니다.

이걸 모르면
영어 회화 못 한다

8
완료

I have met her before

현재완료, 딱 한 마디로 설명할 수 있다

나는 40년 전쯤에 '현재완료'를 처음 배웠는데 고역이었다. 현재완료의 4가지 용법이 특히 골치 아팠다. 현재완료 시제의 뜻에는 경험, 완료, 결과, 계속이 있다고 한다. 그걸 모르면 현재완료 문장을 해석하는 게 불가능한 것처럼 학교와 학원이 가르친다.

그런데 사실일까? 아니다. 복잡한 문법 설명을 몰라도 현재완료 문장을 해석할 수 있다.

간편한 현재완료 해석법을 소개하기 전에, 먼저 개념부터 정리하자. '현재완료'는 어감이 근엄하지만 사실 뜻은 싱겁다. '현재 끝났다'

는 뜻일 뿐이다.

현재완료는 present perfect를 번역한 말이다. 어떤 일이 현재(present) 퍼펙트(perfect)하다는 것이다. 현재 완성되었다, 즉 현재 어떤 일이 끝났다는 의미다. 따라서 현재완료 시제는 '현재 끝났다' 시제이며, 두 가지 방법으로 해석하면 된다.

현재완료 시제 ('현재 끝났다' 시제)

= have + 과거분사

= ❶ 지금 전에 ~했다

❷ 지금까지 ~했다

현재완료(have+과거분사) 해석은 간단하다. "지금 전에 ~했다" 혹은 "지금까지 ~했다"로 해석하면 된다. 먼저 "지금 전에 ~했다"부터 살펴보자. "지금 전에"는 한국어에서 많이 쓰지 않는 표현이므로 실제 해석할 때는 생략하는 게 낫다. 그런 뜻이라는 사실을 염두에 두기만 하면 된다.

I have met her before.

= 나는 + 지금 전에 만났다(have met) + 그녀를 + 이전에

= 나는 그녀를 이전에 만났다.

I have seen that movie twice.

= 나는 + 지금 전에 봤다(have seen)+ 그 영화를 + 두 번

= 나는 그 영화를 두 번 봤다.

I have been to France.

= 나는 + 지금 전에 있었다(have been) + 프랑스에

= 나는 프랑스에 있었다. / 프랑스에 갔었다.

I have eaten it three times.

= 나는 + 지금 전에 먹었다(have eaten) + 그것을 + 세 번

= 나는 그것을 세 번 먹었다.

그런데 왜 "지금 전에"일까? 어떤 일이 지금 즉 현재와 큰 관련이 있다는 의미다. 영화 제목에 〈런던 해즈 폴른London has fallen〉이 있다. fallen은 fall(떨어지다, 함락되다)의 과거분사이며, has fallen이라고 되어 있으니까 현재완료 시제다. 정확하게는 어떤 뜻일까?

London has fallen. 런던은 (지금 전에) 함락되었다.

런던은 지금 전에 함락되었으니까, 지금도 함락된 상태임을 나타낸다.

A plane has crashed.

비행기 한 대가 (지금 전에) 추락했다.

뉴스에 많이 나오는 표현이다. has crashed니까 현재완료 시제다. 굳이 "지금 전에" 추락했다고 말한 것은 지금도 그 상태라는 의미다. 즉 비행기가 추락해 있는 상태이며, 지나간 사건이 아니라 현재도 주목해야 할 중요 사건이라는 의미다.

He has gone to France.

그는 프랑스로 갔다. (현재 그는 프랑스에 있다)

I have washed my car.

나는 차를 씻었다. (현재 내 차는 깨끗하다)

위에서 본 것처럼 현재완료의 기본 뜻은 "지금 전에 ~했다"이다. 그런데 "지금까지 ~했다"로 해석할 때도 적지 않다. 이 경우에도 "지금까지"는 실제 해석에서는 생략하는 편이 깔끔하다.

I have lived here for years.

= 나는 + 지금까지 살았다(have lived) + 여기 + 수년

= 나는 여기에 몇 년 살았다.

I have known him since 2015.

= 나는 + 지금까지 알았다(have known) + 그를 + 2015년부터

= 나는 그를 2015년부터 알고 지냈다.

He has played the piano since he was a child.

= 그는 + 지금까지 연주했다(has played) + 피아노 + 아이 때부터

= 그는 아이 때부터 피아노를 연주했다.

현재완료는 두 가지로 해석하면 거의 문제가 없다. "지금 전에 ~했다"와 "지금까지 ~했다"로 해석한 후, "지금 전에"와 "지금까지"를 빼면 문장이 자연스러워진다. 이어지는 절에서도 추가 설명을 계속할 것이다.

King Sejong invented Hangul

세종대왕이 살아 있다? 현재완료는 망자도 부활시킨다

“세종대왕이 한글을 발명했다”라고 말하려고 한다. 아래 두 문장 중에서 어느 것일까?

❶ **King Sejong invented Hangul.**

❷ **King Sejong has invented Hangul.**

①의 invented는 단순 과거이고 ②의 has invented는 현재완료(have+pp)이다. 한국인들에겐 둘 다 괜찮아 보인다. 하지만 ①이 적

합한 표현이다. ②는 세종대왕이 현재도 살아 있는 듯한 뉘앙스여서 문제다.

현재완료는 삼겹살 냄새 같은 것이다. 3시간 전에 먹었는데 아직도 몸에서 풍기는 삼겹살 구이 냄새처럼, 과거에 끝났는데 여전히 현재에 영향을 끼치는 사건을 현재완료가 표현한다. 예를 들어서 과거에 살을 빼서 여전히 홀쭉하다거나, 과거에 세차를 해서 여전히 차가 깨끗한 경우에 쓰는 것이 현재완료다.

I have lost weight.

나는 체중을 뺐다. (지금도 빠져 있다)

I have washed my car.

나는 세차했다. (차는 지금도 깨끗하다)

King Sejong has invented Hangul.

세종대왕은 한글을 발명했다. (지금도 발명 중이다)

King Sejong has invented라고 현재완료로 표현하면 세종대왕이 여전히 발명 작업을 하고 있는 것 같은 느낌을 준다. 대신 단순 과거 invented를 써야 맞는 표현이 된다.

이번에는 "콜럼버스가 아메리카를 발견했다"라고 하고 싶다. 어느 쪽이 맞을까?

❶ **Columbus discovered America.**

❷ **Columbus has discovered America.**

①에서는 콜럼버스가 과거에 아메리카를 발견했다는 뜻이다. 죽은 사람처럼 묘사된다. 반면 ②에서는 살아 있다는 의미가 숨어 있다. 그가 지금까지도 계속 발견하고 있다는 느낌을 주는 것이다. 콜럼버스는 500년 전에 숨졌으니까 단순 과거 discovered로 써야 한다. ①이 적합한 표현이다.

❶ **In his lifetime, Tim had many cars.**

평생 동안 팀은 많은 차를 소유했다.

❷ **In his lifetime, Tim has had many cars.**

평생 동안 팀은 많은 차를 소유했다.

위는 한 미국식 영문법 책에 나오는 예문[1]을 변형한 것이다. ①은 동사가 had(단순 과거)이고 ②는 has had(현재완료)이다. 별 차이냐 싶겠지만 뜻 차이가 아주 크다. ①의 팀은 이미 죽은 사람일 가능성이 높다. 반면 ②의 경우에는 살아 있다.

이번에는 공무원 시험(2007년 법원 공무원 9급)에 나왔던 문장이다. 어디가 틀렸을까?

World War Ⅱ has broken in 1939.

2차 세계 대전은 1939년에 일어났다. (?)

한국어 번역을 보면 전혀 이상하지 않다. 그런데 영어에서는 틀렸다. 전쟁이 아직 진행 중이라는 의미로 들릴 수 있다. 2차 세계 대전은 과거에 일어나서 끝난 전쟁이다. 현재완료 has broken과는 어울리지 않는다. 과거 시제 broke로 바꿔야 한다.

그런데 더 큰 문제가 있다. "in 1939"(1939년에)라는 표현이 있어서 위 문장은 더 엉터리가 되고 말았다. 이렇게 과거 시점을 특정하면 그 사건은 현재와 단절된 과거의 사건이 된다. 과거 사건은 과거 시제(broke)로 표현해야지 현재완료(has broken)로 표현하면 틀린다. 현재완료는 이름처럼 절반은 현재이기 때문에 현재와 완전히 분리된 과거 일은 표현할 수 없다.

유사한 예를 보자. "나는 2001년에 태어났어요"고 말하려고 한다. 아래 중에서 어느 것이 맞을까?

❶ I was born in 2001.

❷ I have been born in 2001.

②는 원칙적으로 틀린 문장이다. 2001년이라는 과거 시점이 나와 있다. 그러면 옛날 일이 되어버리고 그에 따라 과거 시제 was born을

써야 한다.

여기서 중요한 규칙을 기억할 필요가 있다.

현재완료 문장에는 yesterday, in 2010, last week, ago, when 등 정확한 과거 시점을 쓸 수 없다.

before(전에), lately(최근에), just(방금)처럼 언제인지 불명확한 과거 표현들은 현재완료와 어울린다. 그런데 시점을 명확히 말하는 과거 표현은 현재완료와 쓸 수 없다.

아래는 영국 문화원 사이트(britishcouncil.org)의 예문이다.

❶ **We have bought a new car last week.**

우리는 지난주에 새 차를 샀다. (?)

❷ **When we were children we have been to California.**

어렸을 때 우리는 캘리포니아에 갔었다. (?)

①에서는 last week가 문제이고 ②에서는 when we were children이 문제다. 둘 다 명확하고 구체적인 과거 시점이다. 구체적인 과거 시점이 나와 있으면, 현재와 완전히 분리된 과거가 된다. 다시 말하지만 현재완료는 삼겹살 냄새를 닮았다. 몇 시간 전에 먹었지만 지금도 냄새를 풍기는 삼겹살처럼, 현재와 확연히 연결된 과거 사건을 표현

하는 것이 현재완료이다. 현재와 완전히 끊어진 과거 일은 현재완료가 아니라 과거로 표현해야 한다. 위 문장에서 last week와 when we were children은 현재와 끊긴 과거여서 현재완료와 함께할 수 없다. ①과 ②는 틀린 문장이다.

구체적 과거 시점 표현을 현재완료와 함께 쓰면 안 된다는 규칙은 공무원 시험과 중·고교 시험에 자주 나온다.

예를 들어 아래는 K고등학교 1학년 시험에 나온 문장을 조금 변형한 것이다. 문법적으로 맞는 문장일까?

I have seen that musical yesterday.

나는 어제 그 뮤지컬을 봤다. (?)

우리 말로는 아무렇지 않다. 하지만 yesterday 때문에 문제다. yesterday는 구체적인 과거 시점이다. 이런 표현이 있으면 사건은 현재와 떨어진 옛날 일이 된다. 현재완료와 함께 쓸 수 없다. 동사를 현재완료 have seen이 아니라 과거 시제 saw로 고치면 된다. 즉 "I saw that musical yesterday."가 맞는 문장이다.

DAY 38

Tom lost his keys

미국식 영어 회화, 현재완료를 꼭 쓰진 않는다

단순 현재와 현재완료는 엄연히 다르다. 하지만 실제로는 섞어 쓰기도 한다. 미국식 영어에서는 그렇다. 이건 영어회화에서도 아주 중요한 사실이다.

❶ **I have lost my keys.** 나는 열쇠를 잃어버렸다.

❷ **I lost my keys.** 나는 열쇠를 잃어버렸다.

lost는 lose의 과거분사이며 앞의 두 문장은 아주 흔히 보는 예문이다. 우리는 두 가지가 똑 부러지게 구분된다고 생각한다. 아래와 같이 배우기 때문이다.

"①은 현재완료(have + 과거분사)다. 지금도 열쇠를 잃어버린 상태다. 반면 ②는 단순 과거 문장이다. 지금은 열쇠를 되찾았을 수도 있다. 지금도 열쇠가 없다면 ②보다는 ①을 써야 한다."

그런데 꼭 그렇지는 않다. 미국식 영어에서는 현재완료 대신 간편한 단순 과거를 많이 쓴다. 유명한 미국식 영어 문법책에 이런 예문이 나온다.[2]

❶ Tom has lost his keys. He can't get into the house.

❷ Tom lost his keys. He can't get into the house.

"톰은 열쇠를 잃어버렸다. 그는 지금 집에 들어갈 수 없다."이다. 지금도 열쇠를 잃어버린 상태이다. 영국식 영어에서는 ①has lost를 많이 쓴다. 하지만 미국식 영어에서는 ①has lost와 ②lost 모두 가능하다.

예를 더 보자. 미국식 영어 입문서에 소개된 단순한 문장을 옮긴다.[3]

A: Is Peter here?

B: ❶ No, he's gone home.

❷ No, he went home.

"피터가 여기에 있나요?"라는 물음에 "아니요. 그는 집에 갔어요."라고 답했다. 미국식 영어에서는 현재완료 has gone도 쓰고 단순 과거 went도 쓴다. ①과 ② 모두 맞는 표현인 것이다.

아래 문장들에서도 마찬가지다. 미국식 영어에서는 현재완료와 단순 과거 어느 것을 써도 된다.

❶ I have forgotten his name. 그의 이름을 잊었어요.

❷ I forgot his name. 그의 이름을 잊었어요.

❶ I've already seen that film. 나는 그 영화를 이미 봤어.

❷ I already saw that film. 나는 그 영화를 이미 봤어.

질문의 경우에도 다르지 않다. "벌써 아침을 먹었나요?"라고 물을 때 미국 사람은 두 가지 표현을 쓴다.[4]

❶ Have you eaten breakfast already?

❷ Did you eat breakfast already?

"당신은 플로렌스에 가봤나요?"라는 질문도 영국인이면 현재완료로 질문하겠지만 미국인들은 단순 과거로도 표현한다.[5]

❶ Have you ever been to Florence?

❷ Did you ever go to Florence?

그렇다고 오해를 하면 안 된다. 현재완료와 단순 과거를 언제나 임의로 골라 써도 된다는 게 아니다. 꼭 구분해야 할 때가 있다.

"지금까지 ~했다"라고 번역되는 경우에는 대부분 현재완료를 써야 한다. 가령 "수전은 지금까지 3시간 동안 걸었다"는 문장은 현재완료를 써야 맞다.[6]

Susan walked for three hours now. (×)

Susan has walked for three hours now. (○)

아래는 "나는 1990년부터 여기 살았다"는 문장이다. since(언제부터 지금까지)가 포함된 문장에서도 현재완료가 원칙이다.[7]

I lived here since 1999. (×)

I have lived here since 1999. (○)

또 앞에서 설명했듯이 명확한 과거 시점 표현(yesterday, last week, when)이 있으면 현재완료가 아니라 단순 과거를 쓴다.

I bought a car last week. (O)

I have bought a car last week. (×)

"나는 지난주에 차를 샀다"이다. last week가 있으니 현재와 단절된 과거의 일이다. 현재완료를 쓰면 틀린다.

결론은 다음과 같다. 미국식 영어에서는 현재완료 대신 단순 과거를 쓰는 경우가 많다. 방금 실수를 했다면 I made a mistake와 I have made a mistake 모두 괜찮다. 미국식 영어에서는 이미 끝난 일을 단순 과거로도 표현하는 것이다. 하지만 아무리 미국인이라도 현재완료와 단순 과거를 반드시 구분할 때가 있다. "지금까지"라고 번역되는 문장이라면 현재완료를 쓰는 것이 원칙이다. 또 명확한 과거 시간이 표현되어 있다면 단순 과거를 써야 맞다.

She will have left

현재완료, 과거완료, 미래완료 한방에 이해하기

아래는 아주 무서운 글이다. 완료 시제에 대한 설명인데 우리나라 영어 교재에서 흔히 볼 수 있다.

"영어의 완료 시제는 세 가지다. 현재완료, 과거완료, 미래완료가 그것이다. 현재완료는 현재까지 또는 이전에 일어난 일을 표현한다. 또 과거완료는 과거의 한 시점보다 먼저 일어났거나 그 시점까지 계속된 사건을 표현한다. 미래완료는 미래의 한 시점보다 일찍 끝나거나 그때까지 계속될 일을 표현하는 데 쓰인다."

말만 들어도 머릿속이 뒤죽박죽이 된다. 고통스럽고 이해하기도 힘들다. 좀 더 쉽고 단순 명쾌한 설명이 필요하다.

세 가지 완료 시제를 한군데 모아서 쉽게 설명해보겠다.

완료 종류	형태	뜻
현재완료	have pp	지금 전에 ~했다 지금까지 ~했다
과거완료	had pp	그전에 ~했다 그때까지 ~했다
미래완료	will have pp	그전에 ~할 것이다 그때까지 ~할 것이다

현재완료의 기본 뜻은 "지금 전에 ~했다"이다. 과거완료는 "그전에 ~했다"가 기본 뜻이고 미래완료의 기본 의미는 "그전에 ~할 것이다"가 된다.

여기서 have 동사가 강력한 힌트다. have pp의 have는 "지금 전에"를 떠올리라는 신호다. 또 had pp의 had는 "그전에(과거)", will have pp의 will have는 "그전에(미래)"를 떠올리라는 강력한 시그널이다.

I have finished.

나는 지금 전에(have) 끝냈다.

I had finished.

나는 그전에(had) 끝냈다.

I will have finished.

나는 그전에(will have) 끝낼 것이다.

I have finished it. I am free now.

나는 (지금 전에) 끝냈다. 나는 이제 자유다.

I had finished it when you came.

네가 왔을 때, 나는 그전에 끝냈다.

I will have finished it when you come.

네가 올 때 나는 그전에 끝낼 것이다.

이번에는 left(leave의 과거분사)를 활용해서 세 가지 완료 문장을 만들어보자. "지금 전에"는 어색하므로 실제 해석에서는 생략하면 된다.

She has left.

그녀는 (지금 전에) 떠났다.

She had left.

그녀는 그전에 떠났다.

She will have left.

그녀는 그전에 떠났을 것이다.

She is not here. She has left.

그녀는 여기 없다. 그녀는 (지금 전에) 떠났다.

She had left when the sun rose.

태양이 떴을 때, 그녀는 그전에 떠났다.

She will have left when the sun rises.

태양이 뜰 때, 그녀는 그전에 떠났을 것이다.

너무나 간단하다. 현재완료는 현재 끝난 거고, 과거완료는 과거 그 때 끝난 것이고, 미래완료는 미래 그때 끝날 거라는 말이다. 알고 보면 단순한 표현들이다.

그런데 넘어야 할 산이 하나 남았다. 완료 시제들은 '~전에'가 아니라 '~까지'로 번역해야 할 때도 있다.

I have worked for 10 years.

나는 지금까지(have) 10년 일했다.

I had worked for 10 years.

나는 그때까지(had) 10년 일했다.

I will have worked for 10 years.

나는 그때까지(will have) 10년 일할 것이다.

I had worked for 10 years when we met.

우리가 만난 그때, 그때까지 나는 10년 일했다.

I will have worked for 10 years next month.

다음 달이면 나는 10년 동안 일하게 된다.

이번에는 been married를 써보자.

When he died, we had been married for 20 years.

그가 죽었을 때, 그때까지 우리는 20년간 결혼 생활을 했다.

Next year we will have been married for 20 years.

내년이면 우리는 20년간 결혼 생활을 할 것이다.

(내년이면 우리는 결혼 20년이 된다.)

현재완료, 과거완료, 미래완료는 별거 아니다. 이름만 무시무시하지 알고 보면 간단하다. "지금 전에"와 "그전에"가 아니면 "지금까지"와 "그때까지"를 뜻하는 것이 완료 삼총사 시제들이다.

DAY 40

I had seen a ghost

영어 소설 읽으려면 꼭 알아야 하는 과거완료

과거완료는 아주 흔하다. 영어로 된 소설책에 특히 많이 나온다. 가령 해리포터 시리즈 같은 책을 읽으면 한 페이지에 과거완료가 열 번 이상 나올 때도 있다. 물론 대입 수능 등 시험 문제 지문에도 과거완료는 숱하게 나온다. 그러니 꼭 알아야 하는데 다행스럽게도 아주 쉽다.

앞서 설명했듯이 과거완료는 두 가지 뜻이다.

완료 종류	형태	뜻
과거완료	had pp	그전에 ~했다 그때까지 ~했다

과거완료는 앞에서도 설명했듯이 두 가지 뜻이지만 "그전에 ~했다"의 빈도가 더 높다. 그 뜻만 기억해도 큰 도움이 된다. 연습을 해보자.

아래 문장은 무슨 뜻일까? 과거완료 문장을 보자마자 번역할 수 있어야 한다.

I had met her.

had+pp(met) 즉 과거완료다. 저 문장의 번역은 싱겁도록 쉽다.

I had met her.

= 나는 + 그전에 만났다(had met) + 그녀를

= 나는 그녀를 그전에 만났다.

100%는 아니지만 많은 경우 위와 같이 번역하면 된다. 그런데 "그전"은 언제를 말하는 걸까. 글에 나오게 되어 있다.

I was 30. I had met her.

나는 30살이었다. 나는 그녀를 그전에 만났다.

30살이 되기 전에 그녀를 만난 적이 있다는 말이다. 다른 예를 보자.

I had seen a ghost.

역시 had+pp 문장이다. seen은 see의 pp다. 이 과거완료 문장을 보면 뜻이 딱 떠올라야 한다.

I had seen a ghost.

나는 그전에 유령을 봤다.

"그전"이 언제일까? 그건 글에 반드시 나오게 되어 있다.

It was 2010. I had seen a ghost.

2010년이었다. 나는 그전에 유령을 봤다.

had pp에서 had가 "그전"을 암시한다. 그것만 알면 과거완료 공포증은 사라진다.

과거완료는 수능에도 자주 나온다.

I found the little notebook I had purchased.

= 나는 작은 노트를 발견했다, 내가 그전에(had) 샀던 (purchased) 노트.

= 나는 전에 산 작은 노트를 발견했다. (2012학년도 수능)

When I learned that Linda had won, I was deeply troubled and unhappy.

= 린다가 그전에(had) 이겼다(won)는 걸 알았을 때, 나는 아주 힘들고 불행했다.

= 린다가 이긴 걸 알았을 때 나는 아주 힘들고 불행했다. (2021학년도 수능)

과거완료 표현은 현실 대화에서는 활용 빈도가 높지 않다. 하지만 위에서 본 것처럼 시험 문제에 자주 나올 뿐 아니라 영어 소설에도 빈번하게 등장한다. 과거완료를 모르면 글을 읽을 수가 없는 것이다. had pp를 겁내지 말고 "그전에 ~했다"라고 간단히 해석하면 과거완료 공포증을 날려버릴 수 있다.

Have we met before?

연애할 때 쓰는 완료 표현

8 완료

우리 만난 적 있나요?

have we met

A: Have we met before? 우리 전에 만났나요?

B: Yes, we have. 예. 그래요.

"만난 적 있나요?"라고 물으면 대화를 시작하기 좋다. 반대로 "만난 적 없나요?"도 유용하다.

A: Haven't we met before?

우리 전에 만나지 않았나요? / 만난 적 없나요?

B: Have we? 그랬나요?

A: I'm sure we've met. I am Paul.

만난 게 확실해요. 저는 폴입니다.

Have you two already met?

너희 두 사람은 이미 만났니?

Have you seen my Facebook page?

내 페이스북 봤니?

예뻐졌네

have gotten

You have gotten pretty. 너는 예뻐졌다.

현재완료 문장이다. gotten은 get의 과거분사이다. 의미를 분해 설명하면 이렇게 된다.

get ~ 되다 / have gotten 지금까지 ~ 되었다

You have gotten pretty.

= 너는 + 지금까지 되었다(have gotten) + 예쁜

= 너 예뻐졌다.

You have gotten so big. 너 아주 컸다.

You have gotten tall. 너 키가 컸다.

We have gotten so close. 우리는 아주 가까워졌다.

I have gotten used to it. 나는 익숙해졌다.

10년 동안 데이트를 못 했어

have not had

I have not had a date in 10 years .

나는 (지금까지) **10년** 동안 데이트를 못 했다.

I have had a date는 "나는 데이트를 했다"이다. have 다음에 not을 쓰면 반대 뜻이 된다.

She has met Tom. 그녀는 톰을 만났다.

She hasn't met Tom for a month. 그녀는 톰을 한 달 동안 못 만났다.

They haven't talked since Monday.

그들은 월요일부터 이야기를 안 했다.

They haven't arrived yet. 그들은 아직 도착하지 않았다.

I have dated her for two years. 나는 그녀와 2년 동안 데이트를 했다.

I haven't dated in twenty years. 나는 20년 동안 데이트를 못 했다.

 누구를 이렇게 사랑해본 적이 없어요

have never loved

A: Have you ever loved someone?

B: No, I haven't. I have never loved someone.

---

have를 주어 앞으로 옮기면 의문문이 된다. ever는 "아무 때라도" 혹은 "한 번이라도"의 뜻이다.

Have you ever loved someone?

= 지금까지(have) + 당신(you) + 아무 때라도(ever) + 사랑했다(loved) + 누군가(someone)

= 누구를 사랑해 본 적이 있나요?

I have never loved someone.

나는 누군가를 사랑한 적이 없다.

I've never loved someone like this.

누군가를 이렇게 사랑한 적이 없다.

I have never said "I love you".

"사랑한다"는 말을 해본 적이 없다.

A: Have you been to the Bradford Museum of Failure?

브래드포드 실패작 박물관에 가봤니?

B: I've never even heard of it.

그것에 대해서 들어보지도 못했어. (2021학년도 수능)

사랑 몇 번 해 봤니?

how many times

A: How many times have you been in love?

사랑을 몇 번 해봤나요?

B: I'm 32, but I've never been in love.

나는 32살인데 사랑을 한 번도 안 해봤어요.

I have never been in love.

= 나는 + 지금까지 0번 있었다(have never been) + 사랑 속에

= 사랑 속에 한 번도 없었다.

How many times have you been in love?

= 몇 번 + 지금까지 있었다(have been) + 당신은 + 사랑 속에

= 사랑을 몇 번 해봤나요?

'How many times have you + 과거분사' 형태다. 자주 쓰는 표현이다.

How many times have you read the book?

그 책을 몇 번 읽었나요?

How many hearts have you broken with those beautiful eyes?

그 아름다운 눈으로 얼마나 많은 마음을 다치게 했나요?

아주 오랜만이야

have not seen

A: I have not seen you for ages. 아주 오랜만이야.

B: Time just flies, doesn't it? 시간은 빨리 간다. 그렇지 않니?

I have not seen you for ages.

= 나는 + 지금까지 못 봤다(have not seen) + 너를 + 오래

= 아주 오랜만이다.

How are you? I haven't seen you for weeks.

안녕? 널 몇 주 동안 못 봤네.

I haven't seen you for a long time.

널 아주 오랫동안 못 봤어.

I haven't seen anything like this.

나는 이런 것을 본 적이 없다.

I miss you mum, although I have not seen you.

엄마, 보고 싶어요. 한 번도 본 적이 없지만. (피지 언론 Fiji Sun의 기사 제목)

DAY 42

I have had enough

기분 나쁠 때 쓰는 완료 표현

더 이상은 못 참아

have had

A: Would you like anything else?

다른 것을 더 드릴까요?

B: No, thanks. I've had enough.

아뇨. 감사합니다. 저는 충분히 먹었습니다.

위 문장에서 I have had enough는 "나는 충분히 먹어서 더는 못 먹겠다"는 뜻이다. 그런데 비유적인 의미로도 많이 쓴다. 그 경우 "나는 충분히 당해서 더는 못 참겠다"가 된다.

I have had enough. 나는 더 이상은 못 참아.

I've had enough of this. 나는 이걸 더 이상 못 참아.

I've had enough of your lies. Go away.

너의 거짓말을 못 참겠어. 가라.

We've had enough of her coming late.

그녀가 늦는 거, 우리는 이젠 못 참아.

강아지가 유괴되었어요

have been kidnapped

❶ **My dog has kidnapped.** 내 개가 유괴했어요. (능동)

❷ **My dog has been kidnapped.** 내 개가 유괴되었어요. (수동)

---

kidnapped는 kidnap(유괴하다)의 과거분사다. ①과 ②는 뜻 차이가 어마어마하다. been이 있느냐 없느냐에 따라 뜻이 근본적으로 다르다.

My dog has kidnapped a cat.

내 개가 고양이를 유괴했다.

My dog has been kidnapped by a cat.

내 개가 고양이에게 유괴되었다.

have pp = ~했다 (현재완료)

have been pp = ~되었다 (현재완료 수동)

Your password has been changed.

당신의 비밀번호가 변경되었습니다.

The basketball game has been canceled.

그 농구 경기는 취소되었다. (2008학년도 수능)

The impact of color has been studied for decades.

색깔의 영향은 수십 년간 연구되었다. (2015학년도 수능)

New channels have been launched.

새로운 채널들이 시작되었다. (2020학년도 수능)

이렇게 맛없는 거 처음이에요

have never had worse

A: Did you enjoy your meal? 음식을 맛있게 드셨나요?

B: I've never had worse food. 더 나쁜 음식을 못 먹어봤어요.

I have never had worse food.

= 나(I) + 지금까지 0번 먹었다(have never had) + 더 나쁜 음식(worse food)

= 나는 더 나쁜 음식을 0번 먹어봤다. / 이렇게 맛없는 음식은 처음이에요.

We have never had worse service.

이렇게 나쁜 서비스는 처음이에요.

I have never had worse pizza.

이렇게 형편없는 피자는 처음이에요.

had 대신에 eaten, heard, seen 등 다양한 동사를 쓸 수 있다.

I have never eaten a worse meal.

나는 더 나쁜 식사를 한 적이 없어요.

I have never heard a worse idea.

나는 더 나쁜 아이디어를 들어본 적이 없어요.

I have never seen a worse movie in my life.

내 인생에서 더 나쁜 영화를 못 봤다.

미안해요, 일이 생겼어요

have come

A: Sorry. I have to go. Something has come up.

미안해. 가야 해. 일이 생겼어.

B: That's okay. 괜찮아.

---

come은 모양이 똑같지만 come의 과거분사다. has come은 have pp니까 현재완료이다.

Something has come up.

= 어떤 일(something) + 지금 전에 떠올랐다(has come up)

= 어떤 일이 생겼다.

어떤 일이 일어났는데 그 일이 지나간 옛일이 아니다. 현재 내가 처리해야 할 당면 문제다. 그런 현재성을 현재완료(have+과거분사)로 강조했다. 많이 쓸 수 있는 표현이다.

Something's come up and I need your help.

일이 생겼어. 네 도움이 필요해.

I can't make it today. A personal issue has come up.

오늘 못 가요. 개인적 일이 생겼어요.

The sun has come up.

태양이 떠올랐다.

현재완료 has come 대신에 과거형 동사 came을 써도 된다.

Something came up. 일이 생겼어요.

The sun came up. 태양이 떠올랐다.

힘든 시간이었어

It has been

A: How have you been? 그동안 잘 지냈어요?

B: It has been a tough time for me. 그동안 힘든 시간을 보냈어요.

B는 힘든 시간을 보냈다고 말했다. it has는 it's로 줄일 수 있다.

It's been a long day. 긴 (힘든) 하루였다.

It's been a nightmare. 지금까지 악몽이었다.

It's been a bad year for me. 나에게는 좋지 않은 한 해였다.

It's been a long time.

= It's been a while.

= It's been so long.

긴 시간이었다. / 오랜만이야.

나도 그랬어요

have been there

A: Do you like Rome? 로마를 좋아해요?

B: I love it. I have been there many times.

아주 좋아해요. 많이 가봤어요.

여기서 have been은 "어디에 있었다" 즉 "가봤다"는 뜻이다.

I have been there.

= 나는 + 지금 전에 있었다(have been) + 거기에

= 나는 거기에 있었다. / 거기에 가 봤다.

I have been there가 은유적으로 쓰일 때도 많다. 거기에 가봤다는 건 "나도 그런 적이 있다"는 뜻이 된다. 공감을 표현할 때 아주 유용하다.

I know how you feel. I have been there.

당신이 어떻게 느끼는지 알아요. 나도 그런 적 있어요.

Trust me. I have been there too.

나를 믿어. 나 역시 그랬어.

I've been there. And everybody's been there. So be strong.

나도 그래 봤어요. 모든 사람도 그래 봤어요. 그러니 강해져야 해요.

세련된 표현으로
근황을 묻고 싶다면

9

현재완료 진행

I have been waiting

"지금까지 기다리고 있다" 현재완료 진행

'현재완료 진행'은 현재와 완료와 진행을 섞어 놓은 참으로 복잡한 개념이지만, 다행히 쉽게 이해하는 방법이 있다.

현재완료 진행 = have been 동사ing = "지금까지 ~하고 있다"

복잡하게 가르치고 배울 필요가 없다. 현재완료 진행은 단순하다. "지금까지 ~하고 있다"라는 뜻일 뿐이다. 그런데 영어와 한국어 감각이 조금 다르다. 기본 문제부터 풀어보자.

비가 계속 내리고 있다고 하자. 벌써 3일이나 되었다. 영어로 뭐라고 해야 할까?

❶ **It is raining.** 비가 내리고 있다.

❷ **It is raining for three days.**

3일 동안 비가 내리고 있다. (?)

①은 맞다. ②도 한국어로 해석해보면 전혀 문제가 없어 보인다. 하지만 그건 한국 사람 생각이다 ②는 틀린 표현이다. have를 써야 한다. 영어권 사람의 머릿속에서는 이런 일이 일어난다.

3일 동안 비가 내리고 있다 ···› 지금까지 3일 동안 비가 내리고 있다 ···› 지금까지라고? ···› 그러면 have가 필요해!

원래 문장 It is raining에 has를 끼워 넣는다.

It is raining ···› It has is raining

그런데 has is는 틀린 영어다. has 다음에는 반드시 pp(과거분사)를 써야 한다.

It has is raining ⋯→ It has been raining

이제 됐다. 문장을 완성해보자.

It has been raining for three days.

3일 동안 비가 내리고 있다.

비로소 맞는 문장이 되었다. 문장의 동사 부분의 구조를 보자. have+been+동사ing다. 이게 현재완료 진행이다. 어려운 것 같지만 반복해서 읽으면 익숙해진다.

현재완료 진행 = have been 동사ing = "지금까지 ~하고 있다"

"나는 10살 때부터 영어를 배우고 있다"는 영어로 뭘까? 한국인의 머리에는 현재 진행형(be+ing) 문장이 먼저 떠오를 것이다. 거기서 출발하면 된다. be를 have been으로 바꾸기만 하면 되니까 아주 간단하다.

I am learning English.

나는 지금 영어를 배우고 있다.

I have been learning English.

나는 지금까지 영어를 배우고 있다.

I have been learning English since I was 10.

나는 10살 때부터 지금까지 영어를 배우고 있다.

이번에는 cry와 travel을 이용해서 현재완료 진행 문장들을 만들어 보자. have been ~ing(지금까지 ~하고 있다)을 기억하면 된다. “지금”이나 “지금까지”는 생략해도 뜻이 통하니까 괄호 속에 넣었다.

She is crying.

그녀는 (지금) 울고 있다.

She has been crying.

그녀는 (지금까지) 울고 있다.

She has been crying since he left.

그가 떠난 후부터 (지금까지) 그녀는 울고 있다.

I am travelling.

나는 (지금) 여행하고 있다.

I have been travelling.

나는 (지금까지) 여행하고 있다.

I have been travelling for two years.

나는 (지금까지) 2년 동안 여행하고 있다.

waiting(wait의 현재분사)을 활용해보자. 아주 다양한 진행 표현을 말할 수 있다.

I am waiting.

나는 (지금) 기다리고 있다.

I was waiting.

나는 기다리고 있었다. (과거 그때)

I will be waiting.

나는 기다리고 있을 것이다. (미래 그때)

I have been waiting.

나는 (지금까지) 기다리고 있다.

I have been waiting for an hour.

나는 (지금까지) 1시간 동안 기다리고 있다.

Her eyes are red. She has been crying

현재완료 진행의 두 가지 뜻

현재완료 진행이 "지금까지 ~하고 있다"라고 앞에서 설명했다. 그런데 조금 다르게 쓰이기도 한다. 딱 한 글자 차이이다. "지금까지 ~하고 있었다"도 된다. "있다"가 아니라 "있었다"이다. 하던 일을 막 멈춘 것이다.

Her eyes are red. She has been crying.

그녀의 눈이 빨갛다. 그녀는 울고 있었다.

지금도 우는 것은 아니다. 울고 있다가 방금 멈췄다. 그런데 흔적이 남아 있다. 충혈된 눈이 현재까지 지속(진행)되고 있는 것이다. 그래서 현재완료 진행(have been 동사ing)을 썼다.

I am thirsty. I have been running.

나는 목마르다. 나는 (지금까지) 달리고 있었다.

지금도 달리는 게 아니다. 지금은 달리기를 멈췄는데, 흔적은 남았다. 피곤함이 아직도 계속(진행)되고 있으니까, 현재완료 진행 시제를 쓴 것이다.

결국 이렇게 정리할 수 있다.

현재완료 진행 형태 = have been 동사ing

현재완료 진행의 두 가지 뜻 = ❶ 지금까지 ~하고 있다

❷ 지금까지 ~하고 있었다

②번을 기억하는 게 중요하다. 우리나라에서는 주로 ①만 가르치기 때문에 사람들이 ②는 모른다.

It has been snowing을 예로 들어보자. 그 문장은 두 가지로 해석될 수 있다.

It has been snowing.

❶ 지금까지 눈이 오고 있다. (지금도 내리고 있다.)

❷ 지금까지 눈이 오고 있었다. (지금은 그쳤다.)

❶ It has been snowing for two days.

지금까지 이틀 동안 눈이 내리고 있다.

❷ It has been snowing, but It's stopped now.

눈이 내리고 있었지만 지금은 그쳤다.

①에서는 지금도 눈이 오고 있는 것이고 ②에서는 눈이 그친 것이다. ②처럼 '정지'를 표현하는 예를 더 살펴보자. 비가 그쳤거나 수다를 멈췄을 때도 마찬가지로 have been ~ing를 쓸 수 있다.

The road is wet because it has been raining.

비가 오고 있었기 때문에 길이 젖었다.

I am tired. I have been talking too much.

나는 피곤하다. 지금까지 말을 너무 많이 했다.

의문문을 만들려면 have를 앞으로 끌어내면 된다.

Have you been ~ing = 지금까지 ~하고 있었어?

가령 친구가 들어왔는데 퀴퀴한 냄새가 난다고 하자. "너 지금까지 담배 피웠니?"라고 묻고 싶다면 이렇게 말한다.

Have you been smoking?

너 지금까지 담배 피우고 있었니? / 피웠니?

지금은 담배 피우기를 멈췄는데 냄새는 난다. 행위는 중지되었지만 흔적은 남아 있다. 앞에서 예시한 표현을 정리해보자.

Your eyes are red. Have you been crying?

눈이 빨갛네. 울고 있었나요?

You look hot. Have you been running?

더워 보이네. 달렸어?

You smell bad. Have you been smoking?

너 냄새가 안 좋아. 담배 피우고 있었어?

Have you been ~ing를 알면 다양한 질문을 쏟아낼 수 있다.

Have you been listening? 지금까지 들었어?

Have you been studying? 지금까지 공부했어?

Have you been reading? 지금까지 독서했어?

Have you been playing? 지금까지 놀았어?

Has it been snowing? 지금까지 눈이 왔어?

Do you eat garlic?

너 마늘 먹냐? (항상, 원래)

Did you eat garlic?

너 마늘 먹었냐? (과거에)

Have you eaten garlic before?

너 마늘 전에 먹어봤어?(지금까지 경험)

Have you been eating garlic?

너 마늘 먹고 있었어? (방금 전까지의 진행)

How long have you been on Facebook?

"페이스북한 지 얼마나 됐어요?" 묻고 싶다면

A: How long have you been waiting for the bus?

지금까지 버스를 얼마나 기다렸어?

B: I have been waiting for 1 hour.

1시간 동안 기다렸어.

How long have you been + 동사ing

= (정확한 뜻) 당신은 지금까지 얼마 동안 ~을 하고 있었나요?

= (간단히) 얼마 동안 ~했나요?

"얼마 동안 ~했나요?"라는 질문은 흔하다. 낯선 사람에게도 던질 수 있는 질문이다.

How long have you been travelling?

얼마 동안 여행을 했나요?

How long have you been looking for a job?

얼마 동안 일을 찾고 있나요?

How long have you been driving?

얼마 동안 운전했나요?

How long have you been feeling like this?

얼마 동안 이렇게 느꼈나요?

"트위터한 지 얼마나 되었나요?"는 영어로 뭘까? 영어권 사람들은 이렇게 질문한다. "트위터 위에 얼마나 오래 있었나요?" 즉 on을 쓰는 것이다.

A: How long have you been on Twitter?

트위터한 지 얼마나 되었나요?

B: 2 years. 2년이요.

A: How long have you been on Facebook?

페이스북한 지 얼마나 되었나요?

B: I've been on Facebook for 3 months.

지금까지 3개월 동안 페이스북을 했습니다.

How long have you been + on 명사

= ~를 한 지 얼마나 되었나요?

How long have you been on YouTube?

유튜브한 지 얼마나 되었나요?

How long have you been on this job?

이 일을 한 지 얼마나 되었나요?

How long have you been on the medication?

그 약을 복용한 지 얼마나 되었나요?

마지막으로 조금 어려운 표현도 익혀보자. how long have 대신에 how long had라고 질문할 수도 있다. "과거에 얼마 동안 ~했나요?"라는 뜻이다.

How long have you been waiting?

(지금까지) 얼마나 기다렸나요?

How long had you been waiting?

(그때까지) 얼마나 기다렸나요?

How long had you been waiting before a taxi came?

택시가 오기까지 얼마나 기다렸나요?

How long have you been dating?

(지금까지) 얼마 동안 데이트를 했나요?

How long had you been dating?

(그때까지) 얼마 동안 데이트를 했나요?

How long had you been dating when you got engaged?

약혼했을 때까지 얼마 동안 데이트를 했나요?

What have you been doing?

근황을 묻는 현재완료 진행 표현들

그동안 뭐 하고 지냈어?

have been doing

What have you been doing?

당신은 지금까지 무엇을 해왔나요? / 뭐 하고 지냈나요?

영어로 "그동안 뭐 하고 지냈어요?"라고 묻고 싶다면, "과거부터 지금까지 뭐 하고 있었냐?"는 질문이니까 현재완료 진행이다.

A: What have you been doing today?

오늘 뭐 하고 있었어?

B: I have been watching TV.

나는 TV 보고 있었어.

A: What have you been doing lately?

최근에 뭐 하고 있었어?

B: Not much. How about you?

별거 없어. 넌?

"What have you been + 동사ing"로 다양한 말을 할 수 있다.

What have you been reading?

너는 뭘 읽고 있었어?

What have you been watching?

너는 뭘 보고 있었어?

What have you been thinking about?

너는 뭘 생각하고 있었어?

I have been reading books.

나는 책을 읽고 있었어요.

I have been enjoying time with my son.

나는 아들과의 시간을 즐기고 있었어요.

그동안 바빴어요?

been keeping busy

A: Have you been keeping busy? 그동안 바빴나요?

B: Yes, very busy indeed. 예, 정말 바빴어요.

I have been keeping busy.

나는 그동안 바빴어요.

I've been keeping busy this week.

이번 주에 나는 바빴어요.

"Have you been keeping busy?"에서 Have you를 생략하고 말하기도 한다.

A: Been keeping busy? 당신은 그동안 바빴어요?

B: No, not really. 아뇨, 별로요.

인생이 잘해줘?

how has life been

How has life been treating you?

지금까지 인생이 당신을 어떻게 취급하고 있나요? / 그동안 잘 지냈나요?

"인생이 요즘 잘해줘요?"라는 느낌과 비슷하다. How has는 How's로 줄일 수 있다.

A: How's life been treating you lately? 최근 어떻게 지냈어?

B: I can't complain. 불평할 수 없을 정도야.

위는 현재완료 진행형(have been 동사ing)이지만 현재 진행형(be 동사ing)도 가능하다.

A: How is life treating you?

인생이 너를 어떻게 대하고 있어? / 요즘 어때?

B: ❶ Pretty well. 아주 좋아.

❷ Not well, actually. I got fired.

사실 좋지 않아. 해고되었거든.

그동안 잘 지냈나요?

How have you been doing?

How is your day going? 당신의 날은 어떻게 가고 있나요?

한국인은 "당신은 오늘 잘 지내고 있냐?"고 묻는데, 미국인은 "오늘이 어떻게 가고 있냐?"고 질문한다. 사람이 아니라 날 day를 주인공으로 놓은 후 현재 진행형 is going으로 묻는 것이다. 단순 현재 is를 활용해도 비슷한 말이 된다.

How is your day? 당신의 날은 어떤가요? / 오늘 어때요?

How is your day going?

당신의 날은 어떻게 가고 있나요? / 오늘 잘 지내고 있나요?

대답은 Terrible(끔찍한), Fine(괜찮은), Good(좋은), Great(아주 좋은), Terrific(최고로 좋은) 등에서 선택하면 된다.

이번에는 'have been 동사ing'를 활용해서 인사하는 방법이다.

Have you been doing well? 당신은 잘 지냈나요?

How have you been doing? 그동안 어떻게 지냈나요?

I have been doing well. 나는 잘 지내고 있어요.

얼마 동안 이랬나요?

how long has this been

A: I have a fever. 열이 납니다.

B: How long has this been going on? 이게 얼마나 되었죠?

A: At least one week. 적어도 일주일은 되었어요.

위는 환자와 의사의 대화이다. 어떤 의사이든 "그 증상이 얼마나 되었나?"라고 묻는다.

How long has this been going on?

얼마 동안 이것이 진행되었나요? / 얼마 동안 이랬나요?

How long have these problems been going on?

이 문제들은 얼마 동안 지속되었죠?

How long has the pain been going on?

이 통증은 얼마나 되었나요?

모든 한국인이 빠지는
영어의 함정

10

부정 의문문

Don't you love me?

"나를 사랑하지 않나요?" 너무 위험한 부정 의문문

영어 공부를 많이 했어도 쉽게 빠지는 함정이 있다. 바로 부정 의문문(~하지 않나요?)이다. 부정 의문문에는 어이없게도 반대로 대답해야 한다고 우리는 배운다. "Yes=아니오"이고 "No=예"가 되는 것이다. 간단한 것 같지만 실제 대화를 할 때 자꾸 실수하게 된다. 이해를 하지 않고 무작정 외우기 때문이다. 하지만 앞으로는 틀리지 않게 될 것이다. 이 책이 명료하게 설명해줄 것이기 때문이다.

예를 들어보자. 당신이 어떤 사람을 깊이 사랑한다고 하자. 어느 날 심각한 표정으로 그 사람이 물었다.

Don't you love me?

나를 사랑하지 않나요?

당신은 두 가지 중에서 하나로 답할 수 있다.

❶ Yes. **❷ No.**

"나를 사랑하지 않나요?"라고 상대가 물었다. 당신은 "아뇨. 나는 당신을 사랑해요"라고 말하고 싶다. 그래서 외칠 것이다. "No!"라고 말이다. 안 된다. 그렇게 말하면 정말 큰일이 난다.

연인은 벌떡 일어나 나가버리거나 눈물을 뚝뚝 흘릴 게 분명하다. 그것은 당신 잘못이다. 당신이 "No"라고 대답한 게 문제다. 당신은 "Yes"라고 답을 했어야 한다.

왜 그럴까? 반드시 알아야 될 기초 지식이 있다.

❶ Yes. = Yes, I love you.

❷ No. = No, I don't love you.

"Yes"라는 말을 했으면 긍정문 즉 "I love you"가 함축되어 있다. 또 "No"라고 했으면 부정문 "I don't love you"가 내포된다.

긍정 의문문과 부정 의문문을 한데 모아보자. 결국 답하는 방법은 아주 단순하다.

Do you love me?

나를 사랑하나요?

❶ Yes. (Yes, I love you.) 사랑해요.

❷ No. (No, I don't love you.) 사랑하지 않아요.

Don't you love me?

나를 사랑하지 않나요?

❶ Yes. (Yes, I love you.) 사랑해요.

❷ No. (No, I don't love you.) 사랑하지 않아요.

긍정 의문이건 부정 의문이건 똑같다. ①"Yes"라고 답했다면 무슨 뜻일까? "Yes, I love you" 즉 "당신을 사랑한다"이다. ② "No"라고 했다면 "No, I don't love you"라고 한 거나 같다. 사랑한다면 "Yes"이고 사랑하지 않으면 "No"라고 해야 한다.

그런데 위의 예에서 애인이 "Don't you love me?"라고 물으니까 당신이 "No"라고 대답해버렸다. "사랑하지 않는다"고 해버린 것이다. 그 사람이 울음을 터뜨리는 게 당연하다.

이번에는 다른 예를 보자. 미국 경찰이 당신에게 물어봤다.

Didn't you steal the money?

당신은 돈을 훔치지 않았나요?

❶ Yes. **❷ No.**

당신은 돈을 훔치지 않았는데 의심을 받고 있다. 경찰이 질문했다. "당신이 돈을 훔치지 않았나요?" 당신은 "예. 안 훔쳤어요"라고 하고 싶을 것이다. 그래서 ①"Yes"라고 답하게 될 것이다. 이제 또 큰일 났다.

경찰이 당신을 체포할 것이다. "Yes"라고 대답했기 때문이다. "No"라고 했어야 하는데 말이다. 아래를 분명히 알았어야 했다.

❶ Yes. = Yes, I did. 내가 훔쳤다.

❷ No. = No, I didn't. 내가 훔치지 않았다.

①"Yes"라고 답하면, 경찰은 뭐라고 이해했을까? "Yes, I did." (예. 내가 훔쳤어요.)라고 생각했을 테니 당신을 체포할 수밖에 없는 것이다.

생각해보면 영어로 대답하는 건 아주 쉽다. 긍정 의문문(~했나요?)과 부정 의문문(~하지 않았나요?)을 신경 쓰지 않고 일관성을 지키면 되는 것이다. 즉 한다면 Yes이고, 안 한다면 No인 것이다.

학교나 학원에서 우리는 이렇게 배웠다.

"부정 의문문에 답할 때는 Yes와 No를 반대로 대답해야 한다."

그렇게 생각하면 너무 어렵다. 아래처럼 생각을 바꿔보자.

"긍정 의문문이거나 부정 의문문이거나 신경 쓰지 말자. 질문에 상관없이 똑같이 대답하면 된다. 했다면 "Yes", 안 했다면 "No"라고 답하면 되는 것이다."

끝으로 굳이 읽지 않아도 되는 이론적인 이야기를 해보겠다. 왜 부정 의문문 때문에 한국인이 혼란을 겪을까. 영어 잘못이 아니다. 우리가 No의 뜻을 오해하고 있기 때문이다. "No=아니요"라고 번역할 수밖에 없지만, 그게 정확한 뜻은 아니다.

No의 정확한 의미는 '제로'다. '전혀'라는 뜻이 된다.

No ≠ 아니요

No = 0, zero ⋯→ 전혀

Do you love me? ⋯→ No. 전혀. (사랑 안 해요)

Don't you love me? ⋯→ No. 전혀. (사랑 안 해요)

그리고 "Yes = 예"가 아니다. '100%' '완전'이라는 뜻이다.

Yes ≠ 예

Yes = 100% ⋯→ 완전

Do you love me? ⋯→ Yes. 완전. (사랑해요)

Don't you love me? ⋯→ Yes. 완전. (사랑해요)

No와 아니요는 아주 다른 뜻이다.

미국 시카고 대학 언어학 교수의 설명[1]이 아주 깔끔하다. 한국어에서 '예와 아니요'는 '동의와 비동의'를 뜻한다. 상대편의 말이 맞다고 동의하면 "예"이고 동의하지 않으면 "아니요"라고 말한다. 반면 영어 'Yes와 No'는 '사실 여부' 의미다. 어떤 일이 사실이면 Yes이고 아니면 No다.

쉽게 이해할 수 있는 말이다. 가령 누가 "너는 나를 안 좋아하니?"라고 물었더니 한국인이 "아니요"라고 답했다. 그 말은 "당신의 생각은 틀렸어요"라는 뜻이다. 더 길게 말해서 "내가 안 좋아한다고 생각하나 본데, 그게 아니에요"가 된다.

한편 영어의 No는 "사랑하지 않아요"가 된다. 아니요와 No는 같은 말이 아니어서 자주 불일치한다. 예와 아니요는 상대의 생각에 대한 반응이고, Yes와 No는 사실에 대한 진술이다.

Do you mind if I ask for your help?

Do you mind에는 왜 거꾸로 답해야 할까?

"Do you mind=~해도 될까요?"라고 우리는 배운다. 그런데 대답이 문제다. 반대로 답해야 하기 때문에 혼란스럽다.

예를 들어보자. 아래는 O중학교 2학년 시험 문제다. 괄호 안에 어떤 말이 들어가야 할까?

A: Do you mind if I ask for your help? 도움을 청해도 될까요?

B: ❶ Of course. What can I do for you?

물론이죠. 뭘 해드릴까요?

❷ Of course not. What can I do for you?

물론 아니죠. 뭘 해드릴까요?

어떻게 대답해야 할까? ②번이 정답이다. 상대가 도와달라고 했다. 만일 도와주기 싫으면 "Of course."(물론이죠)이고 도와주고 싶으면 "Of course not."(물론 아니죠)라고 해야 한다. 거꾸로 말해야 정답이 되는 것이다.

이런 말을 들으면 혼란스러울 수밖에 없다. 그런데 이 혼란은 왜 생길까? 원뜻을 가르치지 않기 때문이다. mind의 본래 뜻이 "꺼리다" 또는 "싫어하다"라는 걸 알려주면 혼란이 생기지 않는다.

Do you mind ~?

= (일반적 번역) ~해도 될까요?

= (정확한 번역) ~하는 게 싫어요?

mind를 '싫어하다'로 생각하고 위의 대화를 번역해보면 답을 금방 찾을 수 있다.

A: Do you mind if I ask for your help? 내가 도움을 청하는 게 싫어요?

B: ❶ Of course. 물론이죠.

❷ Of course not. 물론 아니에요.

싫으면 "Of course"라고 답하고, 싫지 않으면 "Of course not"이라고 대답하면 된다. 전혀 헷갈릴 일이 아니다.

다른 예를 보자. 케이크을 더 먹고 싶은 친구가 질문을 했다.

A: Do you mind if I have another piece of cake?

내가 케이크를 하나 더 먹는 게 싫어?

B: ❶ Yes, go ahead. 응, 먹어.

❷ No, go ahead. 아니, 먹어.

답은 ②번이다. "do you mind~?=~하는 게 싫어요?"라고 하면 혼동할 일이 없다.

"Would you mind ~?"라는 질문에도 똑같은 원리가 적용된다. 평소 호감이 있던 사람이 내 옆자리에 앉고 싶어서 물었다.

A: Would you mind if I sat here?

내가 여기 앉아도 될까요?

B: ❶ Yes. ❷ No.

앉게 만들고 싶다면 어떻게 대답해야 할까? ②번이다. 앉는 게 싫으면 "Yes"이고 앉는 게 좋다면 "No"다. 잘못해서 "Yes"라고 말하면 그 매력적인 사람을 거절하는 셈이다. Would you mind의 정확한 뜻을 알면 아주 쉽게 풀리는 문제다.

Would you mind ~?

= (일반적 번역) ~해도 될까요?

= (정확한 번역) ~하는 게 싫으세요?

"Would you mind if I sat here?"라고 묻는 사람에게 앉으라고 권하려면 뭐라 답해야 할까? 당연히 "No"다. 반대로 앉는 게 싫으면 "Yes"다. 그런데 주의할 게 있다. "Yes"는 면박 주는 것처럼 들릴 수 있다. 그래서 완곡하게 거절하는 게 일반적이다. "I am sorry~" 혹은 "I am afraid~"라고 말하는 것이 좋다. 아래의 질문도 정확한 뜻을 알면 편하게 대답할 수 있다.

Would you mind waiting outside?

밖에서 기다리는 게 싫으신가요?

Would you mind closing the door? 문을 닫는 게 싫으신가요?

Would you mind helping me? 나를 도와주는 게 싫으신가요?

No pain, no gain

No의 진짜 쉬운 뜻은 '제로'다

No는 무슨 뜻일까? 우리는 "아무것도 ~하지 않다"라고 배운다. 너무 길고 복잡하다. 더 쉬운 뜻이 있다.

No = 0 (zero)

앞에서도 언급했지만 No의 본래 뜻은 0이다. '없다'는 뜻이다. '전혀 없다'는 것이다. 이렇게 생각하면 No를 포함한 문장을 해석하는 게 웃길 정도로 쉽다.

No one likes me.

0 사람이 나를 좋아한다. / 아무도 나를 좋아하지 않는다.

No one is perfect.

0 사람이 완벽하다. / 완벽한 사람은 없다.

No pain, no gain.

고통이 0이다. 얻는 것도 0이다. / 고통이 없으면 얻는 것도 없다.

There is no exception.

0개의 예외가 존재한다. / 예외는 없다.

Nobody showed up.

0 사람이 나타났다. / 아무도 오지 않았다.

I have no money.

나는 돈이 0만큼 있다. / 나는 돈이 전혀 없다.

"그것은 쓸모가 전혀 없다"를 영작해보자. 결국 쓸모가 0이라는 말이다.

It's no use.

그것은 소용이 0이다. / 그것은 소용이 전혀 없다.

It's no use trying.

시도해봐야 아무 소용 없다.

There is no use complaining.

불평해도 아무 소용 없다.

There is no use living in the past. You cannot change anything.

과거 속에 살아봐야 아무 소용 없다. 너는 아무것도 바꿀 수 없다.

No를 써서 '절대 아니다'라는 뜻을 강조하는 표현은 영어에 아주 많다.

- there is no hurry 서두름 제로 / 서두를 것이 없다

Call me whenever you can. There is no hurry.

언제든 네가 할 수 있을 때 전화 줘. 급할 거 없어.

- no kidding 농담이 제로 / 정말이야

No kidding. Police arrested a dog.

정말이야. 경찰이 개를 체포했어.

- no doubt 의심이 제로 / 틀림없어

There is no doubt about that.

그것은 틀림없다.

- no matter 중요함이 제로 / 상관없어

A: Did you fail your exam? 시험 망쳤니?

B: Yes, but no matter. I'll just study harder next time.

응. 하지만 안 중요해. 다음엔 더 열심히 공부할 거야. (wiktionary.org)

- no wonder 놀라움이 제로 / 놀랍지 않아

No wonder she is stressed out. She always worries.

그녀가 스트레스를 받는 게 놀랍지 않아. 그녀는 항상 걱정해.

- no way 길이 없어 / 안 돼

A: Lend me some money. 돈 좀 빌려줘.

B: No way. 절대 안 돼.

Nothing, Never mind

혼동하기 쉬운 No 표현들

넌 나에게 아무것도 아냐

nothing

A: What would you like to eat? 뭐 드실래요?

B: Nothing. I'm not hungry. 아무것도요. 배고프지 않아요.

레스토랑에서 웨이터에게 "난 안 먹겠다"라고 하고 싶을 때 "Nothing" 이라고 하면 된다.

nothing은 뭔가 굳이 설명하고 싶지 않을 때도 쓴다.

A: What is that? 그거 뭐야?

B: Nothing. Never mind. 아무것도 아냐. 신경 쓰지 마.

nothing을 쓰면 공짜라는 표현도 가능하다.

I got this for nothing. 나는 이것을 공짜로 얻었다.

배신한 옛 애인에게 차갑게 말할 때도 nothing을 쓴다.

A: What am I to you? 나는 너에게 뭐지?

B: You are nothing to me now. 이제 넌 나에게 아무것도 아냐.

금방 올 거예요

in no time

She will be home in no time.

그녀는 금방 집에 올 겁니다.

'in no time=즉시, 금방'이다. 이렇게 되는 이유는 'no=0'이기 때문이다.

in no time = 0시간 후에 = 즉시, 금방

Just give me a ring and I'll be over in no time.

전화만 해. 내가 즉시 갈 테니까. (wiktionary.org)

She will be back in no time.

그녀는 곧 돌아올 것이다.

I will be there in no time.

곧 내가 거기에 도착할 것이다.

봄이 막 시작되었다

hardly

---

❶ **I hardly know her.** 나는 그녀를 거의 알지 못한다.

❷ **Spring has hardly started.** 봄이 막 시작되었다.

---

hardly도 우리에게 아주 이상한 말이다. ①에서는 '거의 ~아니다'이다. ②에서는 '방금' '막'이다. 어떻게 이럴 수가 있지? 간단하다. 핵

심 뜻을 알면 된다.

hardly = 0에 가까운 = 너무 조금만

no가 '0'이라면 hardly는 '0에 가깝다'는 뜻이다. ' 아주 조금' '너무 조금'이라고 보면 된다.

I hardly know her.

= 나는 그녀를 아주 조금만 안다. / 그녀를 거의 모른다.

I can hardly trust you.

나는 너를 아주 조금만 믿을 수 있다. / 너를 거의 믿을 수가 없다.

Spring has hardly started.

봄이 아주 조금만 시작되었다. / 봄은 막 시작되었다.

rarely, scarcely 등도 hardly와 뜻이 흡사하다. '아주 조금만'이라는 뜻이다.

They rarely meet each other.

그들은 서로 아주 조금만 만난다. / 거의 만나지 않는다.

I scarcely have time to breathe.

나는 숨을 쉴 시간이 아주 조금만 있다. / 나는 시간이 거의 없다.

아무 때나 쓸 수 있는 말

ain't

---

❶ **I ain't rich.** 나는 부자가 아니다.

❷ **You ain't rich.** 너는 부자가 아니다.

❸ **She ain't rich.** 그녀는 부자가 아니다.

---

ain't[에인트]는 교과서나 문법서에서 잘 알려주지 않는 단어다. 표준 영어가 아니다. 그런데 아주 대중성이 높은데 특히 북미 지역에서 많이 쓴다. 음악이나 영화 그리고 신문 기사에도 등장한다.

속어로 여겨지므로 공식적인 대화나 글을 쓸 때는 ain't를 피해야 한다.

ain't

= am not

= are not

= is not

1인칭이든 2인칭이든 3인칭이든, 또는 단복수를 가리지 않고 쓸 수 있다. 모든 'be동사+not'을 대신할 수 있다. ain't는 문법 파괴 표현이어서 참 편하다.

I ain't going. = I am not going.

나는 안 갈 것이다.

She ain't home. = She is not home.

그녀는 집에 없다.

It ain't over till it's over.

끝날 때까지 끝난 것이 아니다.

Love is or it ain't. Thin love ain't love at all.

사랑이거나 사랑이 아니거나 둘 중 하나다. 옅은 사랑은 사랑이 전혀 아니다.

(Toni Morrison)

ain't는 또 다른 뜻도 있다.

ain't = have not

You ain't finished. = You haven't finished.

너는 아직 안 끝났어.

I ain't seen her yet. = I haven't seen her yet.

나는 아직 그녀를 못 봤다.

난 이제 남친이 아냐

I am not

A: I am not your boyfriend anymore.

B: ❶ Yes.

❷ No.

남자 친구가 화가 났다. "나는 이제 너의 남자 친구가 아니다"라며 토라졌다. 달래고 싶다면 어떻게 답해야 할까.

한국인들은 ②라고 답하려 한다. 그런데 문제를 일으킬 표현이다. 마음을 돌리고 싶다면 ①이 맞다.

❶ Yes. = Yes, you are.

너는 나의 남자 친구야.

❷ No. = No, you aren't.

너는 내 남자 친구가 아니야.

"아니야"라고 답하려면 Yes이고, "맞아"라면 No이다. 반대로 뒤집히는 것이다.

A: Being pretty isn't everything. 예쁜 게 전부는 아니다.

B: ❶ Yes. (Yes,it is.) 예쁜 게 전부야.

❷ No. (No,it isn't.) 예쁜 게 전부가 아냐.

상대방이 "예쁜 게 전부가 아니다"라고 주장했다. 그 말에 동의하면 No이고, 반대하면 Yes이다.

1장 압축 영문법

1 Rodney Huddleston, Geoffrey K. Pullum (2002), The Cambridge Grammar of the English Language, p335

2장 가정법

1 Akatsuka Noriko (1985), Conditionals and Epistemic Scale, Language 61, p627

2 J.B. Heaton (1996), Longman Dictionary of Common Errors New Edition 2nd Edition, p359

5장 to부정사와 동명사

1 Patrick J. Duffley (2003), The Gerund and the to-Infinitive as Subject, Journal of English Linguistics, Vol. 31 No. 4, p333

6장 조동사

1 Ronald Langacker (2008), Cognitive Grammar: A Basic Introduction, p301

2 Geoffrey N. Leech (1987), Meaning and the English Verb, p82

3 Michael Swan (2005), Practical English Usage 3rd Edition, p345

4 Renaat Declerck et al. (2006), The Grammar of the English Verb Phrase Volume 1: The Grammar of the English Tense System, p343

5 Rodney Huddleston, Geoffrey K. Pullum (2002), Cambridge Grammar of English Language, p200

7장 현재와 진행

1 John Eastwood (1994), Oxford Guide to English Grammar, p80

2 Ronald Langacker (2001), The English Present Tense, English Language and Linguistics Volume 5 Issue 02, p257

3 Ron Cowan (2008), The Teacher's Grammar of English Book, p364

4 Rodney Huddleston, Geoffrey K. Pullum (2002), Cambridge Grammar of English Language, p138

5 Geoffrey N. Leech (1987), Meaning and the English Verb, p99

6 A. J. Thomson (1986), A Practical English Grammar 4th Edition, p188

7 Randolph Quirk et al. (1985), A Comprehensive Grammar of the English Language, p216

8장 완료

1 Betty Schrampfer Azar (2002), Fundamental of English Grammar, p88

2 Raymond Murphy, William R. Smalzer (2009), Grammar in Use Intermediate 3rd edition, p18

3 Raymond Murphy, William R. Smalzer (2010), Basic Grammar in Use 3rd edition, p38

4 Geoffrey N. Leech (2003), A Communicative Grammar of English, p125

5 Geoffrey N. Leech (2003), A Communicative Grammar of English, p193

6 Bas Aarts (2008), The Handbook of English Linguistics, p252

7 Ron Cowan (2008), The Teacher's Grammar of English Book, p387

10장 부정 의문문

1 Jerry Sadock, Arnold Zwicky (1985), Speech act distinctions in syntax, Language Typology and Syntactic Description, Vol I., p190

딱 50일 압축 영문법

1판 1쇄 인쇄 2021년 2월 15일
1판 1쇄 발행 2021년 2월 23일

지은이 정재영

발행인 양원석 **편집장** 최혜진
디자인 신자용, 김미선 **영업마케팅** 윤우성, 박소정

펴낸 곳 ㈜알에이치코리아
주소 서울시 금천구 가산디지털2로 53, 20층(가산동, 한라시그마밸리)
편집문의 02-6443-8892 **도서문의** 02-6443-8800
홈페이지 http://rhk.co.kr
등록 2004년 1월 15일 제2-3726호

ISBN 978-89-255-8902-2 (13740)